telc

Einfach gut! International

Deutsch als Fremdsprache B1.1
Kurs- und Arbeitsbuch

Milena Angioni
Ines Hälbig

telc gGmbH
Bad Homburg

Einfach gut! International
Bearbeitung der internationalen Ausgabe Jessica Perl
Autorinnen: Milena Angioni, Ines Hälbig
Mitarbeit: Vicky Dreßler, Susanne Franz, Annette Frisch, Gabriele Hoff-Nabhani, Rotraud Koll, Andrea Neuhaus, Anastasia Proyss, Jacqueline Thommes, Cornelia Völke
Phonetik: Franca Malcharowitz, Anni Müller
Begutachtung: Christian Gabriel-Junk, Hans Rohrer, Dorothee Thommes
Fotografie: Jan Kocovski
Zeichnungen: Lisa Frühbeis
Layout: basierend auf dem Layout von Martina Weismann
Satz: Graph & Glyphe /// Büro für Ausdrucksstärke
Layout der Tests: Bernd Rohs
Tonaufnahmen: Audimax Kreation in Bild und Ton GmbH
Marilyn Janssen und Gerd Nesgen / .ping Tonstudios (Köln)
ten7.ton.studio

Besonderer Dank gilt dem Bundesarbeitskreis Sprachen des Deutschen Volkshochschul-Verbands e.V. für seine wertvolle Unterstützung. Als ergänzende Online-Komponente empfehlen wir die vom Deutschen Volkshochschul-Verband entwickelte kostenlose Lernplattform *www.b1.vhs-lernportal.de*.
Darüber hinaus finden Sie weitere Informationen zum Lehrwerk unter: *www.telc.net/lehrmaterialien*.

1. Auflage 2024

www.telc.net
Printed in Germany

telc Order-Nr.: V01-4012-BAE-2301A
ISBN: 978-3-910223-12-7

Liebe Leserin, lieber Leser,

wir freuen uns, Ihnen **Einfach gut! International** zu präsentieren, unser Grundstufenlehrwerk für den Einsatz in Deutschkursen weltweit. Es basiert auf dem bewährten Lehrwerk **Einfach gut!** und bereitet Lernende sprachlich auf ihr Leben in einem deutschsprachigen Land vor. Die Teilnehmenden lernen anhand vielfältiger Inhalte aus Alltag und Beruf, sich adäquat auf Deutsch zu verständigen und ihre Meinung zu äußern. Sie werden schrittweise an den Austausch über interkulturelle Erfahrungen herangeführt.

Einfach gut! International

- greift alle relevanten Themen zu Alltag und Beruf in zyklischer Progression auf.
- bereitet systematisch auf Aufgaben im Prüfungsformat vor.
- bietet viele Extras: Zwischentests zur Lernzielkontrolle, ein integriertes Kapitel zum Ausspracheraining und zusätzliche Übungen zum Lernwortschatz.
- orientiert sich konsequent am Gemeinsamen europäischen Referenzrahmen für Sprachen.
- enthält Übungstests zu den Sprachprüfungen auf den Niveaus A1, A2 und B1.

Einfach gut! International macht sowohl das Unterrichten als auch das Lernen so einfach wie möglich. Das Lehrwerk unterstützt Sie optimal bei der Vorbereitung Ihrer Kursteilnehmenden auf die Prüfungen zum Nachweis von Deutschkenntnissen für Aufenthalt, Einbürgerung oder Berufsanerkennung.

Der vorliegende Band ist der fünfte von sechs Teilbänden unseres dreistufigen Lehrwerks. Zusammen mit B1.2 führt der Band B1.1 zu Niveau B1 und bereitet auf den Test *Zertifikat Deutsch/telc Deutsch B1* vor. Nach Abschluss dieses Bandes kann man sich bereits in den meisten alltäglichen und beruflichen Situationen verständigen.

Die **Audiodateien**, die **Lösungen**, die **Hörtexte** und weitere **kostenlose Downloads** finden Sie im Downloadbereich auf unserer Webseite. Die Audiodateien finden Sie außerdem in der App **telc Deutsch-Box**, die Sie in Ihrem App-Store kostenlos herunterladen können.

Erfahrene Kursleiterinnen und Kursleiter haben uns bei der Entwicklung aller Produkte rund um **Einfach gut! International** beraten. Wir freuen uns, Ihnen mit **Einfach gut! International** ein Lehrwerk vorlegen zu können, das passgenau im DaF-Unterricht eingesetzt werden kann.

Viel Erfolg und Spaß wünscht Ihnen Ihr

Geschäftsführer telc gGmbH

Inhalt

Die wichtigsten Abkürzungen und Symbole

m. maskulin

f. feminin

n. neutral

Pl. Plural

Sg. Singular

-- keine Veränderung im Plural (z. B. Becher/--)

--- kein Artikel (z. B. ein Tisch/--- Tische)

leichtere Übung

anspruchsvollere Übung

richtig

falsch

1 Hörübung mit Trackangabe

1 Verweis auf eine Übung im Kursbuchteil

TIPP 1

Lernen Sie Deutsch mit Nachrichten.

Das Hörverstehen können Sie sehr gut mit den Nachrichten der Deutschen Welle üben. Auf der Webseite können Sie täglich Nachrichten hören, in normalem Sprechtempo und auch extra langsam gesprochen. Diese Nachrichten können Sie auch herunterladen und speichern.

TIPP 2

Stellen Sie sich einen Wecker und notieren Sie in fünf Minuten möglichst viele Wörter zu einem Buchstaben.

A: Arbeit, Auge, aufstehen, an ...

B: Bewerbung, beide, bitte, bringen, bunt ...

TIPP 3

Verteilen Sie Ihre Hausaufgaben aus dem Unterricht auf mehrere Tage.

Regelmäßiges kürzeres Training ist besser, als nur einmal in der Woche lange Deutsch zu üben.

TIPP 4

Vergessen Sie nicht, Pausen zu machen. Sie sind wichtig, damit sich das Gelernte einprägen kann.

TIPP 5

Schreiben Sie Sätze aus dem Kursbuch ab, schneiden Sie die Sätze auseinander und legen Sie sie wieder zusammen.

normalerweise | zu Hause | Müll | drei | sortiert

man | den | in | oder | Abfallbehälter | vier

Machen Sie das auch mit längeren Texten oder Dialogen.

TIPP 6

Suchen Sie ein langes deutsches Wort. Wie viele Wörter finden Sie in diesem Wort? Notieren Sie.

Beispiel: Bewerbungsunterlagen

Bewerbung – unter – Unterlage – Unterlagen – lag – er – Werbung – lagen ...

TIPP 7

Wiederholen Sie wichtige Wörter durch Assoziationen, z. B.:

Ich sehe einen Baum.
Wenn ich an einen Baum denke, denke ich an Sommer.
Wenn ich an Sommer denke, denke ich an Schwimmen.
Wenn ich an Schwimmen denke, denke ich an ...

Gute Reise!

Was passt zusammen?

Bad → sauber

Bad	Fischerdorf	Personal	Koffer	Flug
freundlich	sauber	klein	verspätet	braun

1 Friedrichstraße 6

2 **a** Vor dem Haus in der Friedrichstraße 6 unterhalten sich drei Bewohner über ihre Reisepläne. Hören Sie das Gespräch und ergänzen Sie die Tabelle.

Laura Salewska (Kellnerin)

Benjamin Menzel (Student)

Alexandra Franke (Erzieherin) mit Tochter Leonie

	Wer ...	Laura	Benjamin	Alexandra
	war gerade im Reisebüro?	X		
1	will an die Ostsee fahren?			
2	will die Familie in Griechenland besuchen?			
3	will in den Schwarzwald fahren?			
4	hat eine Katze?			
5	hat Freunde in Freiburg?			
6	will im Urlaub wandern?			
7	bleibt im Sommer zu Hause?			

b Haben Sie auch Reisepläne für dieses Jahr? Warum möchten Sie verreisen (z. B. Familienbesuch, Urlaub, Dienstreise)? Wann? Mit welchen Verkehrsmitteln? Wohin? Sprechen Sie im Kurs.

2 Urlaubszeit

a Laura und Rabia finden im Reisekatalog ein interessantes Angebot. Ergänzen Sie.

großen Sonnenterrasse | komfortablen 2-Sterne-Hotel | beliebten Ostsee-Insel | Intercity | schönen Stadt

Urlaubsparadies Ostsee

Leistungen:

✓ Hin- und Rückfahrt im ....1............

✓ 7 Übernachtungen im ....2............

✓ 7 x Frühstück (wird im Sommer auf der ....3............ serviert)

✓ Aufenthalt in der ....4............ Rostock

Reisetermine:	**Preise (ÜF)***	**Zuschlag pro Woche/Person:**	
27.07. – 10.08.	295 €	DZ mit Balkon/Meerblick	25 €
09.08. – 16.08.	355 €	EZ ohne Balkon	80 €
24.09. – 31.09.	279 €	EZ mit Balkon/Meerblick	115 €
		HP (7x Abendbuffet)	110 €

** Preise pro Person im DZ*

Tagesausflug zur ....5............
Rügen nur 55 € pro Person!
Kann vor Ort gebucht werden.

b Lesen Sie den Text noch einmal.
Finden Sie die Abkürzungen für die Wörter.

Doppelzimmer ....

Einzelzimmer ....

Übernachtung mit Frühstück ....

Halbpension ....

> Adjektive haben im Dativ die Endung -en.
>
> **der** Balkon → **dem** schönen Balkon
> **die** Insel → **der** schönen Insel
> **das** Hotel → **dem** schönen Hotel
> **die** Hotels → **den** schönen Hotels
>
> Auch so: einem/meinem/...

c Lesen Sie die Beschreibung und ergänzen Sie die Adjektive.

1. Reisetag: Sie fahren am *frühen* (früh) Morgen gegen 6.30 Uhr ab und kommen am ....1.......... (spät) Nachmittag an. Nach einer ....2.......... (klein) Pause laden wir Sie zu einem Begrüßungsgetränk ein. Beenden Sie den Tag mit einem ....3.......... (lecker) Abendessen im Hotel oder in einem ....4.......... (gemütlich) Fischrestaurant im Ort. Auch ein Spaziergang zum ....5.......... (alt) Fischerhafen und zum Leuchtturm lohnt sich – bei schönem Wetter können Sie hier traumhafte Sonnenuntergänge erleben.

> traumhaft/herrlich
> = sehr schön

3 Im Reisebüro

a Laura und Rabia sprechen mit einem Mitarbeiter im Reisebüro. Hören Sie und kreuzen Sie an. 3

Das Hotel hat	**Das Hotel liegt**	**Rabia möchte ein Zimmer mit**
☐ freundliches Personal	☐ in einem kleinen Fischerdorf	☐ großen Fenstern
☐ einen hübschen Garten	☐ an einem langen Strand	☐ einem schönen Balkon
☐ einen gepflegten Pool	☐ in einer ruhigen Umgebung	☐ einer herrlichen Aussicht
☐ eine sehr gute Küche	☐ in einem lebhaften Ort	☐ getrennten Betten
☐ eine moderne Ausstattung	☐ im historischen Stadtzentrum	☐ einem sauberen Bad

b Arbeiten Sie zu zweit. Was ist für Sie ein gutes Hotel? Machen Sie zuerst eine Liste. Sprechen Sie dann über Ihr Traumhotel. Machen Sie Notizen, wie sich Ihre Partnerin/Ihr Partner ihr Traumhotel vorstellt.

Mein Traumhotel liegt direkt am Strand.

Zum Frühstück gibt es ein Glas Sekt.

c Arbeiten Sie mit einer anderen Partnerin/einem anderen Partner als in 3b.
Erzählen Sie ihr/ihm, was Ihre erste Partnerin/Ihr erster Partner gesagt hat.

4 Aktivurlaub im Schwarzwald

a Benjamin und seine Freundin Anja sind im Urlaub gern aktiv. Dieses Jahr wollen sie wandern und klettern. Im Internet finden sie diese Informationen. Welche Möglichkeit passt?

> **Jugendherberge/Hostel**
> Hier kann man preiswert übernachten.

Günstige Übernachtungsmöglichkeiten im Schwarzwald

Jugendherberge Burg: Übernachten in einer alten Burg in Stadtnähe. Aktivitäten: Reiten, Inlineskaten, Tennis, Wintersport.

Campingplatz Vogelsberg: Mitten im Naturpark. Ein Paradies für Wanderer und Radfahrer.

Campingplatz Waldwiese: Mit direktem Zugang zum Badesee. Ideal für Wassersport und Wandertouren. Kletterfelsen ganz in der Nähe.

4 **b** Was sagt Benjamin zu den drei Möglichkeiten? Hören Sie und verbinden Sie.

			Da kann man ...
1	Jugendherberge Burg	a	sowohl wandern als auch klettern.
2	Campingplatz Vogelsberg	b	weder wandern noch klettern.
3	Campingplatz Waldwiese	c	zwar wandern, aber nicht klettern.

weder ... noch ...	(–/–)
zwar ..., aber ...	(+/–)
sowohl ... als auch ...	(+/+)

c Was machen Sie gern im Urlaub/in Ihrer Freizeit? Notieren Sie Ihre Lieblingsaktivitäten. Welche Aktivitäten kann man in Ihrer Stadt machen? In Ihrem Heimatland? Verwenden Sie die Konjunktionen im Kasten.

weder ... noch | zwar ..., aber | sowohl ... als auch.

In meinem Heimatland kann man zwar schwimmen, aber nicht Ski fahren.

5 Auf dem Campingplatz

a Was ist das? Schreiben Sie die Wörter neben die Bilder.

Wanderschuhe | Zelt | Lagerfeuer | Taschenlampe | Rucksack | Feuerzeug | Taschenmesser | Streichhölzer

das 1

das 2

der 3

die 4

die 5

die 6

das 7

das 8

b Sie möchten am Wochenende einen Ausflug machen. Was wollen Sie unternehmen? Was nehmen Sie mit? Schreiben Sie eine Packliste.

6 Campingplatz Waldwiese

a Lesen Sie die Platzordnung und ergänzen Sie die Überschriften.

Sauberkeit | Haustiere | Verhalten auf dem Campingplatz | Fahrzeuge | Abfälle

PLATZORDNUNG

Liebe Campinggäste,

herzlich willkommen und einen schönen Aufenthalt auf dem Campingplatz Waldwiese. Bitte nehmen Sie Rücksicht auf andere Camper und beachten Sie diese Regeln:

..................1..................

Bitte vermeiden Sie Lärm und beachten Sie die Ruhezeiten (13.00 – 15.00 Uhr und 22.00 – 7.00 Uhr). Stellen Sie Musik nur so laut ein, dass andere Camper nicht gestört werden.

In den Wasch- und Toilettenräumen darf weder geraucht noch Alkohol getrunken werden. Bitte werfen Sie keine Abfälle in die Toiletten.

Offenes Feuer ist sowohl auf dem Campingplatz als auch am Badesee streng verboten: Waldbrandgefahr! Grillen ist mit Holzkohle oder Elektrogrill erlaubt.

> erlaubt = gestattet
> ≠ verboten

Wildtiere und Wasservögel dürfen weder gestört noch gefüttert werden.

> **TIPP**
> Sie müssen nicht jedes Wort verstehen!

..................2..................

Bitte halten Sie den Campingplatz sauber und aufgeräumt. Betreten Sie die Damen- und Herrenwaschräume nur mit sauberen Schuhen.

..................3..................

Müll gehört in die Müllbehälter bei der Platzeinfahrt. Bitte beachten Sie die Mülltrennung! Es gibt sowohl Behälter für Wertstoffe (Glas, Plastik, Papier) als auch einen Container für Restmüll.

..................4..................

Hunde sind auf dem Campingplatz zwar erlaubt, aber sie müssen an der Leine geführt werden. Aus hygienischen Gründen dürfen Hunde weder auf den Kinderspielplatz noch in die Waschräume.

..................5..................

Autos, Motorräder und Mofas dürfen nur im Schritttempo fahren. Auf dem Campingplatz gilt die Straßenverkehrsordnung. In den Ruhezeiten dürfen Kraftfahrzeuge nicht bewegt werden. Das Waschen von Autos oder Booten ist auf dem Campingplatz nicht gestattet.

b Darf man das? Ist das erlaubt? Kreuzen Sie an.

		ja	nein
1	Sie möchten abends auf einem Holzkohlegrill grillen.	☐	☐
2	Ein Campinggast möchte einen großen Hund mitbringen.	☐	☐
3	Ein paar Kinder möchten die Enten am See mit Brot füttern.	☐	☐
4	Sie fahren um 20.00 Uhr ganz langsam über den Campingplatz.	☐	☐
5	Ein Campinggast möchte am Badesee ein Lagerfeuer machen.	☐	☐

7 Am Flughafen

a Wann waren Sie zum letzten Mal am Flughafen? Wo war das? Haben Sie jemanden abgeholt oder sind Sie selbst verreist?

b Was bedeuten diese Schilder? Ordnen Sie zu.

Ankunft | Passkontrolle | Gate B21–B28 | Toiletten | Abflug | Check-in-Schalter

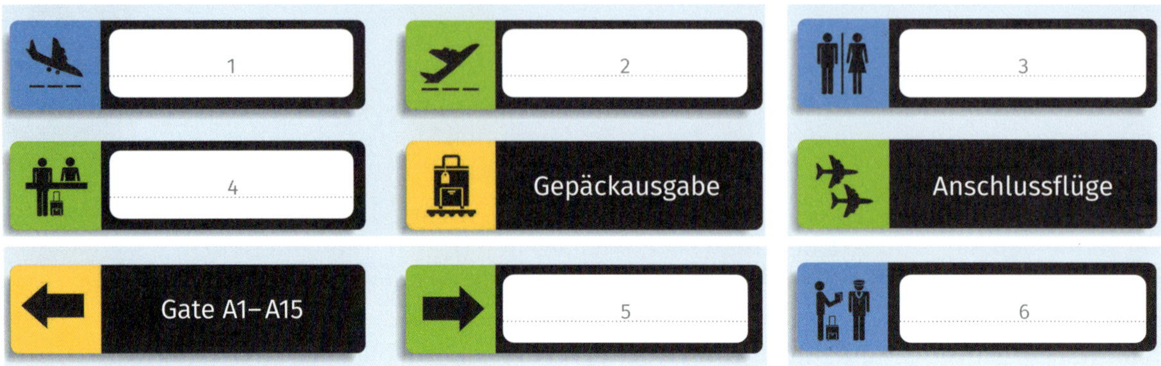

c Wann macht man das? Beim Abflug und/oder bei der Ankunft?

		Abflug	Ankunft
1	zur Gepäckausgabe gehen und das Gepäck abholen	☐	☐
2	zum Check-in-Schalter gehen und einchecken	☐	☐
3	durch die Sicherheits- und Passkontrolle gehen	☐	☐
4	durch die Zollkontrolle gehen	☐	☐
5	zum Gate gehen und warten	☐	☐

Am Flughafen werden oft englische Wörter verwendet, z. B.
das Gate = der Flugsteig

d Arbeiten Sie zu zweit. Stellen Sie sich vor, Ihre Partnerin/Ihr Partner kann die Schilder nicht sehen. Beschreiben Sie ihr/ihm die Schilder und erklären Sie, was sie bedeuten.

8 Wem gehört der Koffer?

5

Alexandra Franke fliegt heute mit ihrer Tochter Leonie nach Griechenland. Sie steht in der Schlange am Check-in-Schalter und sucht Leonies Koffer. Was sagen die Leute?

- ☐ Wem gehört der Koffer?
- ☐ Wessen Koffer ist das?
- ☐ Vielleicht gehört der Koffer dem jungen Mann.
- ☐ Vielleicht ist es der Koffer des jungen Mannes.
- ☐ Vielleicht ist es der Koffer der Dame.
- ☐ Das ist der Koffer meines Kindes.
- ☐ Das ist der Koffer meiner Tochter.

Wessen Koffer ...? = Wem gehört ...?
Das ist Leonies Koffer.
Das ist der Koffer des Kindes.

der Mann	→	der Koffer	des Mannes
die Frau	→		der Frau
das Kind	→		des Kindes
die Leute	→		der Leute

Auch so: eines/meines/... Mannes

In der Alltagssprache verwenden wir statt des Genitivs oft den Dativ, z. B. „das Haus von meinem Bruder" statt „das Haus meines Bruders".

9 Guten Flug!

a Alexandra spricht mit einer Mitarbeiterin am Check-in-Schalter. 6
Hören Sie den Dialog.

1 Ist das richtig oder falsch?
Alexandra hat ein Problem beim Einchecken. ☐ richtig ☐ falsch

2 Was ist richtig? Alexandra und Leonie sollen zum
☐ Gate B13 gehen. ☐ Gate B14 gehen. ☐ Gate A21 gehen.

> die Fluggäste = die Passagiere
> umgehend = sofort
> das Flugzeug = die Maschine

b Sie hören drei Lautsprecherdurchsagen. 7

1 Welche Durchsage ist für Alexandra und Leonie wichtig?
☐ Durchsage 1 ☐ Durchsage 2 ☐ Durchsage 3

2 Hören Sie noch einmal und beantworten Sie die Fragen.

Durchsage 1: Zu welchem Gate sollen die Passagiere gehen? ....
Durchsage 2: Wann können die Passagiere einsteigen? ....
Durchsage 3: Wohin fliegt das Flugzeug? ....

10 Flug verspätet

> **wegen** des schlechten Wetters
> = **weil** das Wetter schlecht ist

a Hören Sie noch eine Durchsage. 8

Das Flugzeug hat Verspätung, weil
☐ das Wetter schlecht ist.
☐ es ein technisches Problem gibt.
☐ die Flugbegleiter streiken.

b Schreiben Sie die Sätze mit *weil*. Benutzen Sie die Wörter im Kasten.

~~regnen~~ | neblig | verspätet sein | ~~abgesagt sein~~ | streiken

Beispiel: Der Pilot kann **wegen des Regens** nicht landen.
*Der Pilot kann nicht landen, **weil es regnet.***

Die Fluggäste sind **wegen der Absage** des Flugs verärgert.
*Die Fluggäste sind verärgert, **weil der Flug abgesagt ist.***

> absagen = annullieren

1 Das Flugzeug kann wegen des Nebels nicht starten.

....

2 Einige Passagiere sind wegen der Verspätung des Flugs verärgert.

....

3 Die Fluggesellschaft sagt wegen des Pilotenstreiks 500 Flüge ab.

....

c Hatten Sie auch schon einmal ein Problem mit einem verspäteten/annullierten Flug? Was war der Grund? Erzählen Sie und vergleichen Sie. Wer musste am längsten warten? Wer musste am Flughafen übernachten?

Sprachbausteine

Reiseplanung
das Reisebüro, der Reisekatalog, das Angebot, eine Reise buchen, übernachten

Übernachtungsmöglichkeiten
das Hotel, die Jugendherberge, der Campingplatz, das Zelt

Im Hotel
der (Hotel-)gast, das Doppelzimmer (DZ), das Einzelzimmer (EZ), die Übernachtung mit Frühstück (ÜF), die Halbpension (HP), die Hotelausstattung, die Zimmerausstattung, die Lage des Hotels, die Aussicht

Auf dem Campingplatz
das Zelt, der Wohnwagen, der Rucksack, das Lagerfeuer, die Taschenlampe, das Taschenmesser, das Feuerzeug, die Wanderschuhe, die Streichhölzer, die Platzordnung, die Regeln beachten, (nicht) erlaubt/gestattet sein, verboten sein

Am Flughafen
der Check-in-Schalter, die Passkontrolle, die Bordkarte, das Gepäck, das Gepäckband, die Gepäckausgabe, der Zoll, der/die Pilot/-in, der/die Flugbegleiter/-in, der Passagier, der Fluggast, einchecken

Auf der Anzeigetafel
gestartet/gelandet/verspätet/annulliert (abgesagt)

Grammatik

Genitiv

Wessen Koffer ist das? – Das ist der Koffer ...

Präposition *wegen* + Genitiv
Wegen eines technischen Problems hat das Flugzeug eine Verspätung von zwei Stunden.

Genitiv	Singular			Plural
	maskulin	**feminin**	**neutral**	
bestimmter Artikel	**des** Mannes	**der** Frau	**des** Kindes	**der** Eltern
unbestimmter Artikel	**eines** Mannes	**einer** Frau	**eines** Kindes	--- Eltern
Possessivartikel	**meines** Mannes	**meiner** Frau	**meines** Kindes	**meiner** Eltern

Adjektive im Dativ

Dativ	Singular			Plural
	maskulin	**feminin**	**neutral**	
bestimmter Artikel	**dem** großen Balkon	**der** großen Terrasse	**dem** großen Zimmer	**den** großen Taschen
unbestimmter Artikel	**einem** großen Balkon	**einer** großen Terrasse	**einem** großen Zimmer	--- großen Taschen
Possessivartikel	**meinem** großen Balkon	**meiner** großen Terrasse	**meinem** großen Zimmer	**meinen** großen Taschen

Zweiteilige Konjunktionen

entweder ... oder	Wir übernachten **entweder** im Hotel **oder** in der Jugendherberge.
zwar ..., aber	Das Zimmer ist **zwar** klein, **aber** günstig.
sowohl ... als auch	Im Bad gibt es **sowohl** eine Badewanne **als auch** eine Dusche.

Liebe Nachbarn ...

Ich mag meine Nachbarn nicht, weil ...

Meine Nachbarn sind sehr nett, weil ...

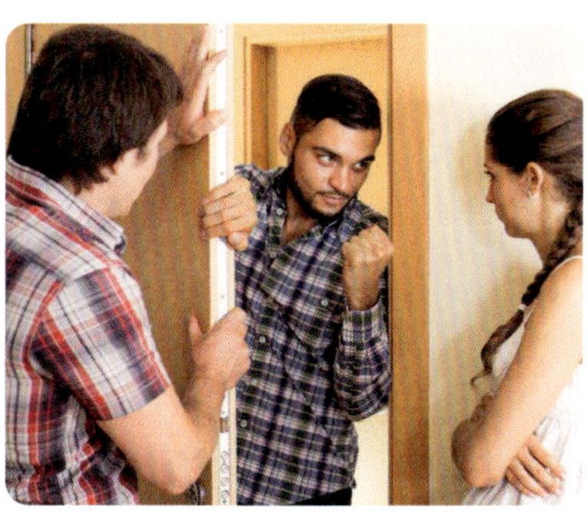

1 Ein Brief vom Vermieter

a In der Töpfergasse 6 bekommen die Bewohner Post von Herrn Schulz, dem Vermieter. Lesen Sie den Brief. Was dürfen/sollen die Mieter (nicht) machen?

1 Die Mieter dürfen im Treppenhaus nicht rauchen.

> die Regeln **einhalten/beachten**
> ≠ **gegen** die Regeln **verstoßen**

Sehr geehrte Mieterinnen und Mieter,

die Hausordnung soll das Zusammenleben der Mietparteien im Haus erleichtern. Ich bitte Sie deshalb, die Regeln der Hausordnung einzuhalten. Beachten Sie insbesondere:

(1) **Rauchen:** Es ist nicht erlaubt, im Treppenhaus zu rauchen.
(2) **Ruhezeiten:** Ich bitte Sie, nach 22.00 Uhr nicht zu baden oder zu duschen.
(3) **Fahrräder:** Der Hausflur ist kein Abstellplatz. Fahrräder gehören in den Keller.
(4) **Kinder:** Es ist nicht gestattet, im Treppenhaus zu spielen.
(5) **Haustiere:** Es ist erlaubt, Katzen und Kleintiere zu halten. Hundehaltung ist dagegen verboten.

Die aktuelle Hausordnung hängt neben den Briefkästen im Hausflur. Bitte lesen Sie sie in Ruhe durch. Ein Verstoß gegen die Hausordnung kann zu einer Kündigung des Mietvertrags führen!

Mit freundlichen Grüßen
Patrick Schulz

> Es ist verboten, im Haus **zu** rauchen.
> Fahrräder im Flur ab**zu**stellen.

9 **b** Was sagen diese drei Mieter zu dem Brief? Hören Sie und kreuzen Sie an.

1 Tayo Okoye
a ☐ ärgert sich über den Brief von Herrn Schulz.
b ☐ findet es gut, dass es Regeln im Haus gibt.
c ☐ hat noch nie gegen die Hausordnung verstoßen.

> **meckern**
> Alltagssprache für „sich beschweren“.

2 Anja Menzel
a ☐ ärgert sich oft über die anderen Mieter im Haus.
b ☐ findet den Brief von Herrn Schulz unfair.
c ☐ vergisst manchmal, ihr Fahrrad in den Keller zu bringen.

> Wir sagen auch „etwas für sinnvoll etc. halten“:
> Ich **halte** die Regel **für sinnvoll.**

3 Alexandra Franke
a ☐ möchte, dass die Hausordnung geändert wird.
b ☐ versteht nicht, warum sie spät abends nicht baden soll.
c ☐ will in Zukunft mehr Rücksicht nehmen.

9 **c** Wählen Sie eine der drei Personen aus 1b. Hören Sie noch einmal genau und machen Sie sich Notizen zu der Person. Arbeiten Sie dann mit einer Partnerin/einem Partner und erklären Sie, was Sie gehört haben.

d Sprechen Sie über die fünf Punkte, die Herr Schulz nennt. Wie finden Sie diese Regeln? Gibt es in Ihrem Haus ähnliche Regeln?

Rauchen ist schlecht für die Gesundheit. Deswegen finde ich die erste Regel sinnvoll.

Ich auch. Bei uns darf man leider überall rauchen. Manchmal stinkt es im ganzen Treppenhaus nach Zigaretten.

e Schreiben Sie eine Hausordnung, die Sie sinnvoll finden. Verwenden Sie dabei die Vorschläge auf den Zetteln und/oder eigene Ideen.

Liebe Mieterinnen und Mieter,

bitte nehmen Sie Rücksicht auf Ihre Mitbewohner und beachten Sie diese Regeln:

- Es ist nicht erlaubt, nach 22.00 Uhr zu bohren oder zu hämmern.
- ...
- ...

Es ist (nicht) erlaubt/gestattet, ...
Es ist verboten, ...
Ich bitte Sie, ...
Es ist wichtig, ...

Nach 22.00 nicht bohren oder hämmern!
Fernseher auf Zimmerlautstärke einstellen!
Schuhe nicht im Hausflur abstellen!
Keine Tiere in der Wohnung halten!
Auf dem Balkon nicht mit Holzkohle grillen!
Kellertüren immer abschließen!
Treppenhaus immer sauber halten!
Party geplant? Nachbarn rechtzeitig informieren!

f Arbeiten Sie zu dritt. Eine Person ist Herr Schulz, eine andere Person ist Anja Menzel. Sie unterhalten sich über den Brief und sind anderer Meinung. Die dritte Person hilft bei der Kommunikation.

2 In der Zeitung

a Lesen Sie die Artikel und die Überschriften. Welche Überschrift passt?

Exotische Haustiere verboten

Mieter massiv beschimpft

ÄRGER UNTER NACHBARN

KÜNDIGUNG WEGEN BELEIDIGUNG

Schlange allein zu Haus

Mieter findet Schlange

1 *Stuttgart* – „Du Schwein!" Mit diesen Worten beschimpfte ein Mann seinen Vermieter nach einem Streit über die Hausordnung. Der Vermieter reagierte prompt und kündigte den Mietvertrag fristlos. Vor Gericht bekam der Vermieter Recht. „Massive Beleidigungen und Beschimpfungen muss sich niemand gefallen lassen", sagte die Richterin.

2 *Aschaffenburg* – Eine zwei Meter lange Schlange hat am Wochenende für Aufregung gesorgt. Der Vermieter entdeckte die Schlange in einer leeren Wohnung. Offenbar hat der Mieter sie als Haustier gehalten und bei seinem Umzug einfach zurückgelassen. Die Feuerwehr fing das Tier ein und brachte es in den Tierpark. Der Vermieter sagte: „Haustiere sind im Haus zwar erlaubt, aber von einer Schlange wusste ich nichts."

3 *München* – In einem Mehrfamilienhaus in Schwabing ist ein Streit zwischen einer 42-jährigen Frau und ihrem 56-jährigen Nachbarn eskaliert. Es störte den Mann offenbar sehr, dass die Frau immer ihre Schuhe vor ihre Wohnungstür stellte. Er forderte sie deshalb auf, die Schuhe wegzuräumen. Als die Frau nicht reagierte, klebte der Mann die Schuhe mit Sekundenkleber fest. Daraufhin strich die Frau die Haustür des Mannes mit rosa Farbe an. Der Mann ging vor Gericht. Ein Urteil wird im Januar erwartet.

b Lesen Sie die Texte noch einmal. Schreiben Sie zu jedem Text eine Frage. Sammeln Sie die Fragen dann im Kurs und antworten Sie.

Frage zu Text 3: *Warum hat der Mann die Schuhe der Frau festgeklebt?*

3 Balu muss bleiben!

10 Anja Menzel besucht ihre Nachbarin Erna Helbig. Frau Helbig ist ziemlich aufgeregt. Hören Sie das Gespräch und ergänzen Sie.

echt | ganz | gar nicht | nicht besonders | überhaupt nicht | wirklich | total | ziemlich

Anja Menzel und Erna Helbig

Anja Menzel: Hallo, Frau Helbig. Geht es Ihnen nicht gut?

Frau Helbig: Nein, mir geht es ....1.......... gut.

Anja Menzel: Was ist denn los?

Frau Helbig: Ach, kommen Sie doch kurz herein. Ich erzähle Ihnen, was passiert ist. Oder haben Sie es eilig?

Anja Menzel: Nein, ich habe es ....2.......... eilig. Hallo Balu ... Ja, du bist ein ....3.......... toller Hund, der Beste ...

Frau Helbig: Balu freut sich immer so, wenn Sie kommen. Und jetzt soll er weg.

Anja Menzel: Balu soll weg?

Frau Helbig: Ja. Herr Schulz hat mir diesen Brief geschickt. Er sagt, Hunde sind im Haus verboten.

Anja Menzel: Aber Balu lebt doch schon ....4.......... lange hier im Haus!

Balu

Frau Helbig: Seit mein Mann gestorben ist. Das ist jetzt fast zehn Jahre her. Damals war ich sehr traurig und allein, aber eines Tages hat meine Enkelin mir Balu gebracht. Er hat mir ....5.......... viel Freude gemacht. Ein Leben ohne Balu kann ich mir ....6.......... mehr vorstellen. Und jetzt soll ich ihn abgeben.

Anja Menzel: Das ist ja ....7.......... unfair! Herr Schulz wusste doch, dass Sie einen Hund haben.

Frau Helbig: Natürlich. Er hat es sogar erlaubt, aber nun hat er seine Meinung geändert.

Anja Menzel: So was macht mich ....8.......... sauer! Aber wissen Sie was, Frau Helbig: Wir müssen uns nicht alles gefallen lassen. Ich spreche mal mit den anderen Nachbarn. Vielleicht hat jemand eine Idee. Eins ist auf jeden Fall klar: Balu muss bleiben!

4 Ziemlich gute Freunde

sauer = Alltagssprache für **ärgerlich, wütend**

a Welche Haustiere kennen Sie noch?

Katze, Meerschweinchen, ...

b Machen Sie eine Tabelle und sortieren Sie die Wörter.

interessant	...

~~interessant~~ | lustig | langweilig | lieb | dumm | hübsch | hässlich | neugierig | süß | intelligent | schmutzig | treu | klug

c Sehen Sie sich noch einmal die Haustierliste an. Wie finden Sie die Haustiere? Verwenden Sie folgende Wörter.

echt | ganz | gar nicht | nicht besonders | überhaupt nicht | wirklich | total | ziemlich

Katzen sind total langweilig.

Überhaupt nicht. Katzen sind ziemlich lustig.

Ich finde Mäuse super. Die schmecken ziemlich gut!

5 Dafür oder dagegen?

a Was denken die Nachbarn von Frau Helbig? Wer ist dafür, dass sie ihren Hund behält? Hören Sie und kreuzen Sie an. 11

	dafür	dagegen
Sprecher 1	☐	☐
Sprecher 2	☐	☐
Sprecher 3	☐	☐
Sprecher 4	☐	☐
Sprecher 5	☐	☐

b Hören Sie noch einmal. Was sagen die Sprecher? Kreuzen Sie an. 11

☐ Ich bin anderer Meinung.
☐ Das finde ich nicht.
☐ Da haben Sie völlig recht.
☐ Ich bin der Meinung, dass ...
☐ Da stimme ich Ihnen zu.
☐ Ich bin mir nicht sicher.
☐ Ich sehe das anders.
☐ Ich sehe das nicht so.
☐ Das finde ich auch.

c Und wie sehen Sie das? Diskutieren Sie.

6 Tayo hat eine Idee.

a Anja Menzel spricht mit Tayo Okoye über das Problem von Frau Helbig. Was schlägt er vor? 12

b Ergänzen Sie den Brief. Fünf Wörter passen nicht.

aber | bitten | Dame | darf | dass | denn | freundlichen | geehrter | lieber | möchten | weil | will | seit | soll | vor

Sehr ……1…… Herr Schulz,

Frau Helbig ist sehr traurig, ……2…… sie ihren Hund Balu abgeben ……3…… .
Wir verstehen, ……4…… Sie keine Hunde im Haus möchten, aber Balu lebt schon ……5…… fast zehn Jahren bei Frau Helbig. Er ist ein sehr netter Hund, der der alten ……6…… viel Freude macht. Da er auch die anderen Mieter überhaupt nicht stört, ……7…… wir Sie, in diesem Fall eine Ausnahme zu machen. Wir ……8……, dass Frau Helbig ihren Hund behalten ……9……, und hoffen sehr, dass Sie einverstanden sind.

Mit ……10…… Grüßen

c Überlegen Sie, wie Herr Schulz wohl auf den Brief der Nachbarn reagiert. Schreiben Sie dann einen Brief von Herrn Schulz an Frau Helbig.
- Erwähnen Sie den Brief, den die Nachbarn geschrieben haben.
- Darf sie den Hund behalten?
- Warum darf sie ihren Hund (nicht) behalten?

Vergessen Sie die Anrede und den Schluss nicht. Die Textbausteine unten helfen Ihnen.

erwähnen = sagen

Ihre Nachbarn haben mir geschrieben/erklärt ...
Ich verstehe, dass ...
Ich habe mich entschieden, dass ...
Natürlich/Selbstverständlich dürfen Sie ...

Ihre Nachbarn möchten, dass ...
Es tut mir leid, aber ...
Es ist leider nicht möglich, ...
Ich bitte Sie deshalb/aus diesem Grund ...

7 Rechte und Pflichten

a Konflikte zwischen Mietern und Vermietern enden oft vor Gericht. Damit das nicht passiert, ist es wichtig, seine Rechte und Pflichten zu kennen.

§ Welche Rechte und Pflichten hat der Vermieter? Lesen Sie die Beispiele und ergänzen Sie.

das **Recht** = was man tun **darf**
die **Pflicht** = was man tun **muss**

Heizung | Instandhaltung und Reparatur | Kündigung | Mieterhöhung | Zutritt zur Wohnung

..........1..........: Der Vermieter hat das Recht, die Miete zu erhöhen. Er muss dabei aber bestimmte gesetzliche Vorschriften und Fristen beachten.

..........2..........: Der Vermieter darf den Mietvertrag kündigen, wenn der Mieter den Hausfrieden stört (z. B. bei schweren Verstößen gegen die Hausordnung) oder die Miete nicht bezahlt.

..........3..........: Der Vermieter hat das Recht, in bestimmten Situationen die Wohnung zu betreten (z. B. bei notwendigen Reparaturen), aber er muss sich vorher mit dem Mieter absprechen. Er darf die Wohnung nicht ohne Wissen des Mieters betreten.

..........4..........: Der Vermieter muss dafür sorgen, dass Schäden in der Wohnung repariert werden. Für kleine Reparaturen und Modernisierungen ist der Vermieter aber nicht zuständig.

..........5..........: Der Vermieter muss dafür sorgen, dass in der kalten Jahreszeit (vom 1. Oktober bis 30. April) die Heizung funktioniert.

b Welche Rechte und Pflichten haben die Mieter? Bilden Sie Sätze. Welche Beispiele fallen Ihnen noch ein?

„das Recht haben, etwas zu tun"
Man kann sagen: „Er hat das Recht, die Miete zu erhöhen."

Die Mieter	haben das Recht, sind berechtigt, haben die Pflicht, sind verpflichtet,	pünktlich die Miete zu zahlen. regelmäßig zu lüften. die Gemeinschaftsräume im Haus (z. B. Waschkeller) zu nutzen. in ihrer Wohnung Besuch zu haben. im Winter zu heizen. Blumentöpfe am Balkongeländer zu befestigen.

8 Das ist wirklich unglaublich!

a Die Mieter in der Töpfergasse 6 bekommen schon wieder Post von Herrn Schulz. Lesen Sie den Brief an Frau Helbig. Warum ärgert sich Frau Helbig über den Brief?

sich über etwas/jemanden ärgern

Sehr geehrte Frau Helbig,

Sie zahlen für Ihre Wohnung in der Töpfergasse 6 seit einem Jahr eine monatliche Miete von 545 €. Diese Miete entspricht nicht mehr den Mieten, die in unserer Stadt für vergleichbare Wohnungen gezahlt werden (s. Mietspiegel). Aus diesem Grund habe ich mich entschieden, die Miete ab dem 1. Januar 20XX auf 645 € zu erhöhen. Ich bitte Sie, der Mieterhöhung schriftlich zuzustimmen. Vielen Dank für Ihr Verständnis.

Mit freundlichen Grüßen
P. Schulz

der Mietspiegel = Tabelle, in der man nachsehen kann, welche Mietpreise in der Stadt üblich sind

b Was sagen die Mieter? Hören Sie und ergänzen Sie. 13

trotzdem | obwohl | aber | weil

Widerspruch einlegen = offiziell gegen eine Entscheidung protestieren

1 *Ich soll 100 Euro mehr Miete zahlen, ... Herr Schulz die Miete erst im letzten Jahr erhöht hat. Das kommt für mich nicht in Frage. Ich ziehe aus.*

2 *Wir sollen auch mehr zahlen, ... das lassen wir uns nicht gefallen. Wir legen Widerspruch ein, ... die Mieterhöhung gegen die gesetzlichen Vorschriften ist.*

3 *In meiner Wohnung ist die Heizung kaputt, ... soll ich mehr Miete zahlen. Das ist wirklich unglaublich!*

Michaela und Tayo sollen mehr Miete zahlen, **obwohl** die Heizung in ihrer Wohnung kaputt ist.

c Lesen Sie und verbinden Sie. Was passt zusammen?

1 Der Vermieter hat den Mietvertrag gekündigt,
2 Die Mieterin hat einen großen Hund,
3 Ich ziehe um,
4 Meine Nachbarn haben sich beschwert,
5 Der Vermieter darf in meine Wohnung,

a obwohl Haustiere nicht erlaubt sind.
b aber er muss mich vorher fragen.
c weil der Mieter die Miete nicht bezahlt hat.
d obwohl meine Wohnung mir gut gefällt.
e weil ich laute Musik gehört habe.

d Bringen Sie die Bausteine in die richtige Reihenfolge und schreiben Sie.

meinen Mietvertrag

Sehr geehrter Herr Schulz,

Mit freundlichen Grüßen
Erna Helbig

Kündigung meines Mietvertrags

Offenbach am Main, 30.09.20..

hiermit kündige ich

fristgerecht zum 31. Dezember 20XX.

die Frist = Zeitraum, in dem man etwas erledigen muss
fristgerecht ≠ fristlos

Sprachbausteine

Ordnung im Haus

die Hausordnung beachten, sich an die Regeln/die Hausordnung halten, gegen die Regeln/die Hausordnung verstoßen, der Verstoß, Rücksicht nehmen auf ..., Verständnis haben für ...

Recht und Unrecht

der Streit, der Ärger, der Konflikt, beschimpfen, beleidigen, die Beleidigung, das Gericht, vor Gericht gehen, der/die Richter/-in, das Urteil, Recht bekommen (vor Gericht), berechtigt sein, verpflichtet sein

Die Mieterhöhung

erhöhen, die Miete wird **von** 500 **auf** 600 € erhöht, der Mietspiegel, vergleichbar, üblich, die (gesetzliche) Vorschrift, der Widerspruch, Widerspruch einlegen

Kündigung des Mietvertrags

die Kündigung, kündigen, die (Kündigungs-)Frist, fristgerecht, fristlos

Hiermit kündige ich den Mietvertrag fristgerecht zum 30. Juni.

Die eigene Meinung sagen und begründen

Ich finde/denke/meine ...
Ich halte das für ...
(un)fair/(un)wichtig/sinnvoll/sinnlos

Deshalb/Deswegen/Aus diesem Grund ...
... weil .../... denn ...

Erfahrungen vergleichen

Bei uns/bei mir ist das auch so/genauso.
(so/ganz) ähnlich.
(ganz) anders.

Zustimmen

Da stimme ich Ihnen zu./Ich sehe das auch so.
Das finde ich auch./Da haben Sie völlig recht.

Eine andere Meinung haben

Ich bin anderer Meinung./Das finde ich nicht.
Ich sehe das anders.

Grammatik

Infinitiv mit *zu*

Es ist nicht gestattet,	auf dem Balkon	**zu** grillen.
Ich bitte Sie,	die Regeln	ein**zu**halten.

Partikeln

wirklich, ziemlich, ganz, echt, total	Ich finde deine Idee **ziemlich** gut.
gar nicht, nicht besonders, überhaupt nicht	Der Vermieter ist **nicht besonders** nett.

Sätze mit *obwohl* verbinden

zwei Sätze	Die Mieter haben auf dem Balkon gegrillt. Das ist verboten.
ein Satz	Die Mieter haben auf dem Balkon gegrillt, **obwohl** das verboten ist.

Ein Schulprojekt zum Umweltschutz

Gut für die Umwelt	Schlecht für die Umwelt
...	...

1 Beim Elternabend

14 **a** Karin Amberg, die Klassenlehrerin der Klasse 3b, begrüßt die Eltern ihrer Schüler beim Elternabend. Hören Sie und kreuzen Sie an. Was ist richtig?

1 Karin Amberg hat die Eltern eingeladen,
- ☐ um ein Schulprojekt zu planen.
- ☐ um über das neue Schuljahr zu informieren.
- ☐ um verschiedene Klassenthemen zu besprechen.

2 Karin Amberg möchte keinen Plan machen,
- ☐ ohne die Meinung der Eltern zu hören.
- ☐ ohne die Fragen der Eltern zu beantworten.
- ☐ ohne die Eltern um Erlaubnis zu fragen.

> Die Kinder gehen in die Schule, **um** etwas **zu** lernen.
>
> Wir gehen nicht nach Hause, **ohne** uns **zu** verabschieden.

15 **b** Welche Themenvorschläge haben die Eltern? Hören Sie und ergänzen Sie.

1 
Daniela Becker

2 
Hung Nagy

3 
Ana Schmidt

4 
Markus Thiel

15 **c** Hören Sie die Texte noch einmal und kreuzen Sie an.

Text 1: Die Kinder von Frau Becker gehen manchmal ins Bett, ohne den Fernseher auszuschalten.
☐ richtig ☐ falsch

Text 2: Welche Naturkatastrophen erwähnt Herr Nagy?
☐ Hochwasser ☐ Tsunami
☐ Wirbelsturm ☐ Erdbeben

Text 3: Ana Schmidt ist der Meinung, dass man beim Einkaufen etwas für die Umwelt tun kann.
☐ richtig ☐ falsch

Text 4: Herr Thiel sagt, dass Autoabgase
- ☐ die Luft verschmutzen.
- ☐ die Gesundheit schädigen.
- ☐ die Umwelt belasten.

d Arbeiten Sie zu zweit. Ihre Partnerin/Ihr Partner war beim Elternabend nicht dabei. Erzählen Sie ihr/ihm davon. Ihre Partnerin/Ihr Partner stellt Fragen.

e Finden Sie es wichtig, schon in der Grundschule über das Thema *Umweltschutz* zu sprechen? Warum (nicht)? Welche Umweltschutzthemen finden Sie (un)wichtig? Diskutieren Sie.

2 Der Wochenplan

a Frau Amberg hat mit den Eltern zusammen einen Plan für die Projektwoche gemacht. Sehen Sie sich den Plan an und verbinden Sie die Sätze. Was passt zusammen?

Montag	Dienstag	Mittwoch	Donnerstag	Freitag
Luft & Klima	**Energiesparen**	**Naturkatastrophen**	**Müll**	**Wald**
Vortrag von Kfz-Ingenieur H. Nagy	Besuch im Energiesparhaus	Kinobesuch: Film „Monsterwelle" (kostenlos!)	Müllsammeln im Stadtpark	Ausflug: den Stadtwald kennenlernen (Essen mitnehmen)

1 Am Montag kommt Herr Nagy in die Schule,
2 Am Donnerstag gehen wir in den Stadtpark,
3 Viele Leute werfen ihren Müll einfach weg,
4 Am Mittwoch gehen wir ins Kino,
5 Wir fahren in den Stadtwald,

a um ihn kennenzulernen.
b ohne nachzudenken.
c ohne zu bezahlen.
d um dort Müll zu sammeln.
e um einen Vortrag zu halten.

b Was sagen die Kinder zu den Ideen der Eltern? Hören Sie und ordnen Sie zu.

Wir möchten lieber einen Ausflug machen, **anstatt** in die Schule **zu** gehen.

16

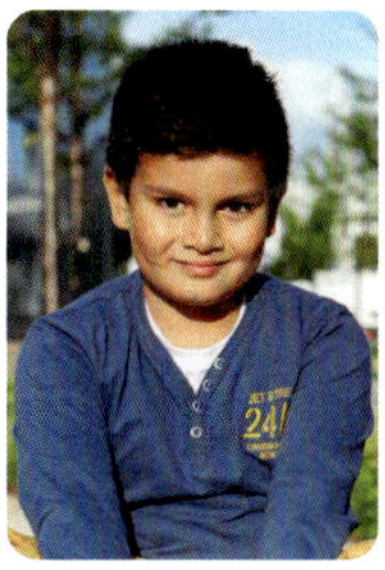

1 ☐ *Moritz Thiel* 2 ☐ *Pia Becker* 3 ☐ *Jana Nagy* 4 ☐ *Maksim Schmidt*

a freut sich auf den Vortrag am Montag.
b hat keine Lust auf die Projektwoche.
c interessiert sich nicht für das Thema *Luft & Klima*.
d freut sich auf den Ausflug.

c Sprechen Sie über die Aktivitäten auf dem Notizzettel. Machen Sie Vorschläge und Gegenvorschläge wie im Beispiel.

Wir könnten vielleicht einen Film sehen. Was hältst du davon?

Na ja. Ich weiß nicht. Ich würde lieber Fahrrad fahren, anstatt einen Film zu sehen.

einen Film sehen
Fahrrad fahren
ein Schulprojekt planen
entspannen
Tiere beobachten
spazieren gehen
einen Ausflug machen
einen Vortrag hören

3 Papier oder Plastik?

a Aus welchem Material sind diese Dinge? Ordnen Sie zu.

a Glas | b Metall/Aluminium | c Papier/Pappe | d Plastik/Kunststoff

1 ☐

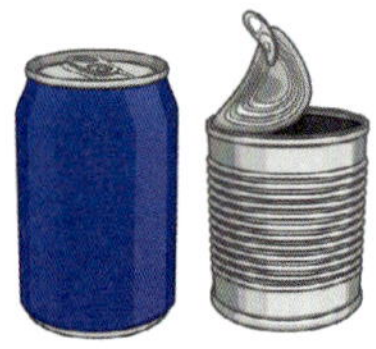

2 ☐

3 ☐

4 ☐

b Schauen Sie sich im Unterrichtsraum um. Aus welchem Material sind die Dinge, die Sie sehen? Sprechen Sie.

Wor**aus** ist das? – **Aus** Pappe.

*Woraus ist **dein Kaffeebecher**? **Aus Plastik**?*

***Der** ist **aus Pappe**, nur **der Deckel** ist **aus Plastik**.*

4 Was kommt in den gelben Sack?

a Die Projektwoche ist gestartet. Moritz Thiel hält heute einen Vortrag über Müll. Für seine Mitschüler hat er einen Text aus dem Internet ausgedruckt. Lesen Sie und ergänzen Sie:

Abfälle | Altglas | Altpapier | gefährliche | große | leere | schont | sortiert | Umwelt | verwendet

In den meisten deutschen Haushalten trennen die Leute ihren Müll. Mülltrennung ....1.......... die Umwelt, da viele Abfälle wieder ....2.......... oder „recycelt" werden können. Zu Hause ....3.......... man den Müll normalerweise in drei oder vier verschiedenen Abfallbehältern. Obstschalen gehören zum Beispiel in die Biotonne, Zeitungen ins ....4.......... und Plastikbecher in den gelben Sack. ....5.........., die nicht mehr verwertet werden können, sind Restmüll. Da die meisten Haushalte keinen Behälter für ....6.......... haben, gibt es große Glascontainer für mehrere Straßen. Oft gibt es getrennte Container für weißes, braunes und grünes Glas.

Batterien sind schädlich für die ....7.......... und gehören deswegen in den Sondermüll. Sondermüll sind giftige oder ....8.......... Stoffe wie zum Beispiel Chemikalien, die auf keinen Fall in den „normalen" Hausmüll dürfen. Man kann Sondermüll zu speziellen Sammelstellen bringen oder beim Schadstoffmobil abgeben. Sammelbehälter für ....9.......... Batterien findet man auch in vielen Supermärkten.

Manchmal muss man auch ....10.......... Gegenstände entsorgen, wie zum Beispiel eine alte Matratze oder ein Fahrrad. Weil diese Dinge nicht in die Restmülltonne passen, werden sie in manchen Städten extra abgeholt oder man bringt den Sperrmüll zum Wertstoffhof.

b Lesen Sie das Beispiel im Kasten. Schreiben Sie Sätze.

> Batterien gehören in den Sondermüll. Sie **sind** giftig.
> Batterien gehören in den Sondermüll, **da (= weil)** sie giftig **sind**.

1 Wir sortieren unseren Müll. Wir möchten etwas für die Umwelt tun.
2 Joghurtbecher gehören in den gelben Sack. Sie sind aus Plastik.
3 Sondermüll darf nicht in den Hausmüll. Er ist schädlich für die Umwelt.
4 Alte Möbel kommen auf den Sperrmüll. Sie sind zu groß für die Mülltonnen.

> Sie können die Sätze auch umdrehen:
> **Da/Weil** Batterien giftig **sind**, gehören sie in den Sondermüll.

INFO

Grüner Punkt → Gelber Sack
Verpackungen aus Plastik oder Metall haben in Deutschland oft einen „grünen Punkt". Das heißt, sie gehören in den gelben Sack/die gelbe Tonne.

c Bringen Sie die Bausteine in die richtige Reihenfolge.
Beginnen Sie die Sätze mit ***Da ...*** und ergänzen Sie ***, (Komma)*** und ***. (Punkt)***.

1 gehören sie – Naturprodukte sind – in die Biotonne – Da Obstschalen
2 ins Altpapier – Da alte Zeitungen – kommen sie – recycelt werden können
3 rufe ich – entsorgen möchte – Da ich – den Sperrmüll an – meinen alten Kleiderschrank

d Welcher Müll gehört in welche Tonne? Machen Sie eine Tabelle und ordnen Sie die Wörter aus dem Kasten zu.

~~Orangenschalen~~ | Batterien | Brötchentüten | Windeln | Milchkartons | Konservendosen | Gemüsereste | Sahnebecher | Altöl | Eierkartons | Farben | Zeitschriften | Katzenfutterdosen | Pizzaschachteln | Eierschalen | Staubsaugerbeutel | kaputtes Spielzeug | Kaffeefilter | Energiesparlampen | Zigarettenkippen

Papiermüll	Biomüll	Gelbe Tonne	Restmüll	Sondermüll
	Orangenschalen			

e Arbeiten Sie zu zweit. Ihre Partnerin/Ihr Partner hat das System der Mülltrennung noch nicht ganz verstanden. Begründen Sie, warum Zeitungen ins Altpapier kommen, warum Orangenschalen in den Biomüll gehören und so weiter.

*Orangenschalen gehören in den Biomüll, **weil** das Naturprodukte sind.*

Stimmt. Und leere Batterien? Ist das Sondermüll?

*Ja, Batterien sind schädlich für die Umwelt. **Daher** kommen sie nicht in den Hausmüll.*

etwas begründen
..., da/weil ...
Da ...,/Weil ...,
Deshalb/Deswegen
Daher/Darum
Aus diesem Grund

f Sie haben auf diesen Seiten einige Informationen zur Mülltrennung in Deutschland bekommen. Wie finden Sie das System? Welche Unterschiede gibt es zu Ihrem Heimatland? Sprechen Sie.

5 Der Ausflug wird super!

Am letzten Tag der Projektwoche findet ein Tagesausflug in den Frankfurter Stadtwald statt.

17 **a** Lesen Sie, was Ana Schmidt und Markus Thiel sagen, und ergänzen Sie.

werden (2x) | wird | wirst

Hören Sie dann zur Kontrolle.

Ich freue mich schon auf den Ausflug. Herr Thiel und ich ....1........ als Begleitpersonen mitfahren.

Ich freue mich auch. Wir ....2........ bestimmt eine Menge Spaß haben. Hoffentlich ....3........ das Wetter gut. ....4........ du auch da sein?

	werden	
ich	werde	fahren
du	**wirst**	
er/sie/es	**wird**	
wir	werden	
ihr	werdet	
sie/Sie	werden	

b Was sagt Ana über den Plan für Freitag? Bilden Sie Sätze mit *werden* + Infinitiv.

*Wir **werden** pünktlich um 9 Uhr **losfahren**.*

9.00	pünktlich losfahren
gegen 9.30	am Stadtwald ankommen
Vormittag	Förster Ralf Tenbrink zeigt uns den Wald
12.00	Mittagspause (Picknick im Park)
Nachmittag	auf den Goetheturm steigen
16.00	zurückfahren
gegen 16.30	wieder zu Hause sein

c Schreiben Sie Sätze mit *werden* + Infinitiv.

1 Ich **bin** schon um 8.30 Uhr an der Schule. → *Ich **werde** schon um 8.30 Uhr an der Schule **sein**.*
2 Die Kinder **kommen** sicher erst gegen 9.00 Uhr.
3 Ana **kümmert sich** um das Essen und die Getränke.
4 Der Förster **zeigt** den Kindern, wie man junge Bäume pflegt.
5 Wir **haben** bestimmt einen schönen Tag.
6 Abends **sind** wir ganz schön müde.

Wenn wir über Pläne in der Zukunft sprechen, verwenden wir aber oft auch das Präsens:
Morgen machen wir einen Ausflug.

6 Wie wird das Wetter?

Es **wird** schön/gut/besser/schlechter/kalt/kühl/warm/trüb/regnerisch/windig etc.

a Hören Sie die Wettervorhersage und kreuzen Sie an. 18

Am Donnerstag wird es voraussichtlich
- ☐ bewölkt, aber warm.
- ☐ kühl und regnerisch.
- ☐ sonnig und warm.

Am Freitag wird es wahrscheinlich
- ☐ den ganzen Tag regnen.
- ☐ kühler als am Donnerstag.
- ☐ über 20 Grad warm.

b Wie ist das Wetter heute in Ihrer Stadt? Wie wird es morgen? Sprechen Sie im Kurs.

7 Keine Sorge, wir werden schon gesund wiederkommen!

Einige Eltern machen sich Sorgen und fragen bei Karin Amberg nach. Arbeiten Sie zu zweit. Fragen und antworten Sie wie im Beispiel.

Was ist, wenn es ein Unwetter gibt?

Machen Sie sich keine Sorgen. Es wird schon nichts passieren.

Was ist, wenn...
es den ganzen Tag regnet?
sich ein Kind verletzt?
sich ein Kind verläuft?
ein Kind vom Turm fällt?

Machen Sie sich keine Sorgen.	
Es wird schon...	nicht den ganzen Tag regnen.
	nichts passieren.
	alles gut gehen.
Wir werden schon...	gut auf die Kinder aufpassen.

das Unwetter = sehr schlechtes Wetter

8 Meine Zukunft

a Was werden Sie machen? Schreiben Sie drei Sätze.

1 Am Freitag werde ich ....
2 Nächsten Monat ....
3 Nächstes Jahr ....

Wir verwenden **voraussichtlich** oder **wahrscheinlich**, wenn der Plan noch nicht sicher ist. „Am Freitag werde ich voraussichtlich nach Berlin fahren."

b Wie wird Ihr Leben in fünf Jahren aussehen? Erzählen Sie im Kurs.

9 Knifflige Wörter

a Ergänzen Sie die Artikel. Hören Sie dann die Wörter und sprechen Sie sie nach. 19

..... Umweltschutz, ... Naturkatastrophe, ... Hochwasser, ... Tsunami, ... Wirbelsturm, ... Erdbeben, ... Energiesparhaus, ... Mülltrennung, ... Sammelstelle, ... Restmülltonne, ... Schadstoffmobil, ... Sperrmüll

b Was bedeuten die Wörter? Erklären Sie.

Sprachbausteine

Umweltprobleme & Umweltschutz
die Luft-/Umweltverschmutzung, der Klimawandel, die Schadstoffe, die Abgase, das Trinkwasser/das Abwasser, umweltfreundlich, schädlich
die Umwelt schützen, schonen, verschmutzen, schädigen, belasten, zerstören
der Umwelt-/Natur-/Tierschutz, die Belastung, die Zerstörung

Vorschläge machen
Wir könnten vielleicht …/Ich schlage vor, dass …
Ich bin dafür, dass … /Was haltet ihr davon, wenn …

Auf Vorschläge reagieren
Ich hätte da eine andere/bessere Idee.
Damit bin ich (nicht) einverstanden.
Die Idee gefällt mir.
Das ist ein guter Vorschlag/eine gute Idee.

Müll
wegwerfen/wegschmeißen, entsorgen, trennen, sortieren, vermeiden
die Müllabfuhr, die Mülltonne, die Mülltrennung das Altglas, das Altpapier, der Biomüll/Restmüll/ Sondermüll/Sperrmüll, die Wertstoffe, recyceln, der gelbe Sack, der Wertstoffhof, der Kunststoff

Naturkatastrophen
das Hochwasser, der Wirbelsturm, der Tsunami, das Erdbeben

Energie
Energie sparen/verschwenden, sparsam mit etwas umgehen, die Verschwendung, die Wind-/Solarenergie, die Energiesparlampe

Grammatik

um zu + Infinitiv	Wir müssen etwas tun,	**um**	die Natur	**zu** schützen.
ohne zu + Infinitiv	Die Kinder gehen ins Bett,	**ohne**	den Fernseher	aus**zu**machen.
(an)statt zu + Infinitiv	Wir wollen lieber Tiere beobachten,	**anstatt**	eine Radtour	**zu** machen.

Sätze mit *da* verbinden (da = weil)
Batterien **kommen** in den Sondermüll, da sie gefährlich für die Umwelt sind.
Da Batterien gefährlich für die Umwelt sind, **kommen** sie in den Sondermüll.

	werden
ich	werde
du	**wirst**
er/sie/es	**wird**
wir	werden
ihr	werdet
sie/Sie	werden

Futur I

Formen
werden + **Infinitiv:** Ich werde **studieren**.

Funktionen

etwas versprechen:	Ich	werde	keinen Müll mehr auf die Straße	**werfen.**
etwas vorhersagen:	Das Klima	wird	sich in Zukunft weiter	**verändern.**
etwas ankündigen:	Unsere Kinder	werden	bald	**studieren.**
Hoffnung ausdrücken:	Es	wird	schon nichts	**passieren.**

Online einkaufen

1 Onlineshopping

20 **a** Hören Sie den Dialog.

1 Was möchte Sandro kaufen? ....

2 Für wen möchte Sandro das kaufen? ....

3 Wo kauft Joana ihre Kleidung? ....

b Wo kaufen Sie Ihre Kleidung, Schuhe, Kosmetik ... ein? Machen Sie mit Ihrer Partnerin/Ihrem Partner eine Liste und berichten Sie.

	Kaufhaus	Internet	Fachgeschäft	Supermarkt	Flohmarkt
Elif	*Kleidung*	*Schuhe*	*Sportkleidung*	*Lebensmittel*	*Möbel*

Elif kauft Kleidung nie im Internet. Sie geht lieber ins Kaufhaus.

c Welche Vor- und Nachteile hat das Einkaufen im Internet? Machen Sie Notizen und diskutieren Sie.

Im Online-Shop sehe ich nur ein Bild. Das ist nicht genug.

Im Internet ist die Auswahl aber viel größer.

Das stimmt, aber ich sehe auch Nachteile. ...

Qualität | Preis | Auswahl | Beratung | Portokosten | Parkgebühren | Umwelt | Service | Bezahlung (bar/Kreditkarte/Rechnung/PayPal) | Datenschutz | Öffnungszeiten

d Arbeiten Sie zu dritt. Zwei Personen diskutieren und sagen ihre Meinung zum Thema *Einkaufen im Internet*. Die beiden haben unterschiedliche Meinungen. Die dritte Person hilft bei der Kommunikation.

21 **e** Joana und Sandro diskutieren über das Onlineshopping. Welche Vor- und Nachteile nennen sie? Schreiben Sie.

Retoure = die Ware zurückschicken

	Vorteile 🙂	Nachteile 😕
Auswahl	*- größere Auswahl*	*X*
Anprobe	*- mehrere Paare bestellen*	*- Schuhe anfassen und ...*
Retoure		
Zeit		
Bezahlung		

f Wie können Waren bezahlt werden? Ordnen Sie zu.

Rechnung/Überweisung | Kreditkarte | Bankeinzug | Nachnahme | Sofortüberweisung/Onlinebanking

2 Falls sie nicht schön sind, ...

a Hören Sie den Dialog aus Aufgabe 1e noch einmal und verbinden Sie die Sätze. 21

1 Wenn die Schuhe zu klein oder zu unbequem sind,
2 Wenn ihm die Schuhe im Laden nicht gefallen,
3 Wenn er in der Woche keine Zeit hat,
4 Wenn er keine Kreditkarte hat,

a kann er am Wochenende entspannt im Internet einkaufen.
b kann er sofort neue anprobieren.
c kann ihm das Geschäft auch eine Rechnung schicken.
d kann er sie kostenfrei zurückschicken.

b Schreiben Sie die Sätze aus Aufgabe 2a mit *falls*.

falls = wenn

Falls *die Schuhe zu klein oder unbequem sind, kann ...*

......

......

......

3 *Wem* oder *wen*?

a Dativ oder Akkusativ. Ergänzen Sie die Sätze.

ihm (3x) | seiner Nichte | einen Onlineshop | die Schuhe | den Tipp | das Paket.

Wer?	Verb	Wem?	Was?	
1 Sandro	bestellt	seiner Nichte	tolle Schuhe	im Internet.
2 Joana	hat	......	......	gegeben.
3 Sie	hat	......	......	gezeigt.
4 Die Post	bringt	......	......	
5 Sandro	schenkt	......	......	zum Geburtstag.

b Markieren Sie die Dativ- und Akkusativergänzungen.

1 Joana erklärt Sandro das Onlineshopping. Sie erklärt es ihm.
2 Paula leiht Elif eine Jacke. Sie leiht sie ihr.
3 Maria kauft ihrem Sohn ein Fahrrad. Sie kauft es ihm.
4 Karim bringt seinem Kollegen eine Cola. Er bringt sie ihm.
5 Miguel zeigt Eliane seinen Pass. Er zeigt ihn ihr.

Sandro schenkt seiner Nichte Schuhe.
Sandro schenkt sie ihr.

c Schreiben Sie Sätze.

Sandro	erklären	Paula/ihr	die Tasche
Raoul	leihen	Maria/ihr	die Hausaufgaben
Elif	geben	Karim/ihm	das Deutschbuch
Alicija	bringen	Miguel/ihm	der Kugelschreiber

4 Immer mehr Onlineeinkäufe

a Lesen Sie den Onlineartikel und kreuzen Sie an. Richtig oder falsch?

Onlineshopping immer beliebter

In Deutschland ist die Zahl der Internetshops in den letzten zehn Jahren stark gestiegen. Ob Bücher, Schuhe, Kleidung oder Gebrauchsgegenstände aller Art – die Deutschen kaufen immer mehr im World Wide Web. Längst wird die Hälfte aller Urlaubsreisen online gebucht. Bei Flug- und Bahntickets werden bereits 75 % über Onlineportale via Smartphone und Tablet gekauft. Kleidung und Schuhe werden in Internetshops angeboten und die Pakete werden in kürzester Zeit versendet. Die Zahlung wird per Rechnung, Bankeinzug oder Kreditkarte für die Verbraucher einfach gemacht. Die Lieferbedingungen und Zahlungsmodalitäten werden immer kundenfreundlicher optimiert. Selbst Onlinebestellungen von Lebensmitteln werden von innovativen Supermärkten angeboten. Onlineshopping ist „in“ und wird schon lange nicht mehr nur von jungen Menschen genutzt.

		✓	✗
1	Die Zahl der Internetshops ist in den letzten zehn Jahren gleich geblieben.	☐	☐
2	Urlaubsreisen werden zu 50 % online gebucht.	☐	☐
3	Flüge und Bahntickets werden zu drei Vierteln im Internet bestellt.	☐	☐
4	Waren werden per Überweisung bezahlt.	☐	☐
5	Onlineeinkäufe werden nur von jungen Menschen gemacht.	☐	☐

b Lesen Sie noch einmal. Ergänzen Sie die Sätze.

1 Die Hälfte aller Urlaubsreisen wird *online gebucht* .
2 Flug- und Bahntickets werden oft ……………… .
3 Kleidung und Schuhe werden ……………… .
4 Pakete werden heute ……………… .
5 Die Zahlung wird ……………… .
6 Selbst Lebensmittel werden ……………… .
7 Onlineshopping wird ……………… .

Passiv Präsens
wird/werden + Partizip Perfekt
Der Rock **wird** gekauft.
Die Schuhe **werden** gekauft.

5 Schuhe international

a Sandro will bei *Schuhwelt 2000* bestellen. Er interessiert sich jetzt für den Onlinehandel und informiert sich auf der Webseite, wie die Schuhe produziert und geliefert werden. Ergänzen Sie die Verben.

1 Die Schuhe werden in China *hergestellt* .
2 Sie werden mit dem Schiff nach Hamburg ……………… .
3 Die Schuhkartons werden in Tschechien ……………… .
4 Die Schuhe werden in Polen ……………… .
5 Sie werden ins Lager von *Schuhwelt 2000* nach Leipzig ……………… .
6 Die Bestellungen werden in Bielefeld ……………… .
7 Die Pakete werden von einem Paketdienst ……………… .
8 Reklamationen werden von einem Call-Center in Österreich ……………… .

bearbeiten (2x)
bringen
herstellen (2x)
schicken
verpacken
zustellen

b Wie finden Sie das? Ist es besser, Produkte nur in einem Land zu produzieren? Diskutieren Sie.

6 Ein Onlineangebot

a Lesen Sie die Anzeige und beantworten Sie die Fragen.

Schuhwelt 2000 — Bestellhotline: 0800 443322

Wanderschuh Lena
Artikel-Nr. 7743528

129,– €
inkl. MwSt. zzgl. 5,95 € Versand

Lieferung und kostenloser Rückversand
Lieferbar innerhalb von 2–5 Werktagen

Größe	Farbe
37	grau-blau
~~38~~	~~rot-schwarz~~
39	grau-rosa
~~40~~	
41	Menge
42	

- atmungsaktiv
- wetterfest
- wasserdicht
- luftdurchlässig
- umweltfreundliche Herstellung

AGB Impressum

zum Warenkorb

1 In welchen Größen sind die Schuhe erhältlich? ....
2 In welchen Farben sind die Schuhe auf Lager? ....
3 Was kostet die Bestellung insgesamt? ....

b Was bedeuten die Adjektive? Sprechen Sie.

Atmungsaktiv? Was kann das sein?

Vielleicht „atmen" die Schuhe?

Nomen +	Adjektiv =	Adjektiv
die Atmung	aktiv	atmungsaktiv
das Wetter	fest	wetterfest
das Wasser	dicht	wasserdicht
die Luft	durchlässig	luftdurchlässig
die Umwelt	freundlich	umweltfreundlich

7 Lieferschwierigkeiten

22

Sandro ruft beim *Schuhwelt-2000*-Callcenter an.
Hören Sie den Dialog und ergänzen Sie.

1 Das Modell kann erst wieder in vier Wochen *bestellt werden*.
2 Die Schuhe .... in zwei Wochen ....
3 Bis zum 19. .... die Schuhe nicht ....
4 Die Größe 39 .... in den nächsten zwei Tagen ....
5 In Wanderschuhen .... eher dickere Socken ....
6 Alle Waren .... kostenfrei ....
7 Dazu .... der Retourenschein ....
8 Eine Versandkostenpauschale .... immer ....
9 Der Wanderschuh Lisa .... sofort ....
10 Alle Waren .... auch telefonisch ....

Passiv Präsens mit Modalverben

Modalverb + **Partizip Perfekt** + werden
Der Rock kann **geliefert** werden.
Die Schuhe können **geliefert** werden.

ebenso mit:
müssen, sollen, dürfen, möchten

8 Das Kleingedruckte

Das sind die Allgemeinen Geschäftsbedingungen von *Schuhwelt 2000*.

✪ Schuhwelt 2000

Bestellhotline: 0800 443322

Unsere AGB
Bitte lesen Sie die Nutzungsbedingungen aufmerksam durch, bevor Sie bei *Schuhwelt 2000* bestellen. Durch eine Bestellung bei *Schuhwelt 2000* geben Sie Ihr Einverständnis und sind an die Nutzungsbedingungen von *Schuhwelt 2000* GmbH gebunden.

1. **Datenschutz**
   Bitte lesen Sie die Datenschutzerklärung von *Schuhwelt 2000* aufmerksam durch.
2. **Preise**
   Alle Preise auf *Schuhwelt 2000*, in unseren Katalogen und in unseren Filialen sind unverbindlich.
3. **Vertragsabschluss**
   Durch die Bestellung auf *Schuhwelt 2000* per Telefon, per Bestellkarte im Katalog oder mit Kauf in unseren Filialen schließen Sie mit der *Schuhwelt 2000* GmbH einen Vertrag ab. Eine schriftliche Kaufbestätigung erhalten Sie unter der von Ihnen angegebenen E-Mail-Adresse.
4. **Widerrufsrecht**
   Sie haben das Recht, diesen Vertrag innerhalb von vierzehn Tagen zu widerrufen. Die Frist beginnt ab dem Tag der Bestellung und der Widerruf muss in jedem Fall schriftlich erfolgen. Eventuell von Ihnen bereits bezahlte Beträge zahlen wir umgehend zurück. Sollten Sie bereits Ware erhalten haben, müssen Sie diese umgehend an uns zurücksenden.
5. **Bezahlvorgang**
   Klicken Sie auf die gewünschte Zahlungsart (Kreditkarte, Rechnung, Bankeinzug, Nachnahme). Bitte beachten Sie, dass Zahlungen per Nachnahme Mehrkosten von 5,– € beinhalten.
6. **Versandkosten**
   Bei jeder Bestellung berechnen wir eine Versandkostenpauschale von 5,95 €.
7. **Retouren**
   Füllen Sie bitte bei jeder Retoure den Retourenschein aus und legen Sie diesen der Ware bei. Retouren sind versandkostenfrei.
8. **Lieferzeiten**
   Die Lieferung erfolgt in der Regel innerhalb der nächsten 2–5 Werktage nach der Bestellung, wenn nicht anders angegeben.
9. **Eigentumsvorbehalt**
   Die Ware bleibt bis zur vollständigen Bezahlung Eigentum der *Schuhwelt 2000* GmbH.

a Suchen Sie im Text: Wo steht das?

1 Der Käufer kann vom Kauf zurücktreten. *4. Widerrufsrecht*

2 Zwischen dem Käufer und *Schuhwelt 2000* wird ein Kaufvertrag geschlossen. ……

3 Die Ware gehört *Schuhwelt 2000*, bis sie bezahlt ist. ……

4 Alle Waren können portofrei zurückgeschickt werden. ……

5 Der Käufer kann aus verschiedenen Zahlungsmöglichkeiten wählen. ……

b Lesen Sie den Text und kreuzen Sie an.

		✓	✗
1	Informationen zum Datenschutz finden Sie in den AGB.	☐	☐
2	Sie bekommen einen schriftlichen Kaufvertrag.	☐	☐
3	Alle Bezahlmöglichkeiten sind gleich günstig.	☐	☐
4	Für eine Retoure muss ein Dokument ausgefüllt werden.	☐	☐
5	*Schuhwelt 2000* liefert auch am Sonntag.	☐	☐

c Ihre Partnerin/Ihr Partner hat einige fett gedruckte Wörter im Text nicht verstanden. Erklären Sie ihre Bedeutung in eigenen Worten.

9 Die Schuhe sind zu klein.

a Hören Sie den Dialog und füllen Sie dann den Retourenschein aus. 23

Schuhwelt 2000

RETOURENSCHEIN

Kundennummer: 7389567831
Auftragsnummer: 893-15-9GS5

Auftrag vom 03.09. 20...

Menge	Preis	Artikelnr.	Artikel	Farbe	Größe	Ges.preis	Retoure ankreuzen
1	129,-	7743528	Wanderschuh Lena	grau-blau	39	129,-	☐
1	149,-	5578923	Wanderschuh Lisa	grau-schwarz	38	149,-	☐

Die Rücklieferung erfolgt wegen: (Bitte ankreuzen)

Falscher Artikel bestellt ☐	Artikel passt nicht ☐			Auswahlbestellung ☐	
Falscher Artikel geliefert ☐	Artikel zu	groß ☐	klein ☐		
Artikel zu spät geliefert ☐		weit ☐	eng ☐		
Artikel gefällt nicht ☐		kurz ☐	lang ☐		
Artikel beschädigt ☐					

Sonstiger Grund:

b Das *Schuhwelt-2000*-Callcenter ruft bei Sandro an. Sie machen eine Kundenbefragung. Spielen Sie den Dialog.

Guten Tag, Herr Ruíz Martinez. Sind Sie mit unserem Service zufrieden?

Ja und nein.....

Sprachbausteine

Einkaufen
das Fachgeschäft, der Flohmarkt, das Internet, das Kaufhaus, der Onlineshop, der Supermarkt

Kaufhaus oder Internet?
die Auswahl, die Bestellung, die Bezahlung, die Beratung, das Callcenter, der Datenschutz, die Kosten, die Öffnungszeiten, die Parkgebühren, das Porto, der Preis, die Qualität, der Service, die Umwelt

Bezahlung
der Bankeinzug, die Kreditkarte, die Nachnahme, das Onlinebanking, die Rechnung, die Überweisung

Von der Produktion zum Verkauf
herstellen/produzieren, schicken, verpacken, zustellen, bringen

Grammatik

Dativ- und Akkusativergänzungen

Wer?	**Verb**	**Wem?**	**Was?**
Er	kauft	seiner Nichte	schicke Schuhe.
Er	kauft	ihr	schicke Schuhe.
Er	kauft	sie	ihr.
Auch so:		bringen, erklären, geben, kaufen, leihen, zeigen	

Sätze mit *falls* verbinden *falls = wenn*

Falls die Jacke zu klein ist, **kann** er sie kostenfrei zurückschicken.
Wenn die Jacke zu klein ist, **kann** er sie kostenfrei zurückschicken.
Er **kann** die Jacke kostenfrei zurückschicken, falls sie ihm zu klein ist.
Er **kann** die Jacke kostenfrei zurückschicken, wenn sie ihm zu klein ist.

Aktiv Präsens

			Akkusativ
Singular	Maria	kauft	den Rock.
Plural	Maria	kauft	die Schuhe.

Passiv Präsens

	Nominativ	wird/werden +	Partizip Perfekt
Singular	Der Rock	wird	gekauft.
Plural	Die Schuhe	werden	gekauft.

Passiv Präsens mit Modalverben

	Nominativ	Modalverb	Partizip Perfekt	*werden* (Infinitiv)
Singular	Der Rock	kann	**geliefert**	werden.
Plural	Die Schuhe	können	**geliefert**	werden.

Fernsehen und Unterhaltung

Im Fernsehen sehe ich ...

Sendungen	gern	weniger gern	ungern
Krimis			
Sportsendungen			
Nachrichten			
Liebesfilme			
deutschsprachige Fernsehprogramme			
Programme aus meiner Heimat			

1 Was kommt im Fernsehen?

Dokumentationen: Wir sagen oft „Doku".

a Was passt zusammen? Verbinden Sie.

1	Nachrichten	a	erzählen lustige Geschichten, über die man lachen muss.
2	Dokumentationen	b	erzählen spannende Polizei-, Gangster- oder Detektivgeschichten.
3	Komödien	c	informieren objektiv über bestimmte Themen (z. B. Tiere, andere Kulturen).
4	Krimis	d	erzählen romantische oder dramatische Herz-Schmerz-Geschichten.
5	Soaps	e	berichten über aktuelle Ereignisse, die in der Welt passiert sind.

b Welche Sendungen kennen Sie noch? Machen Sie eine Liste. Sie können die Programmzeitschrift in Übung 3a zu Hilfe nehmen.

2 Fernsehgewohnheiten

die Gewohnheit = was man regelmäßig macht

24 **a** Deniz Mutlu ist auf dem Weg nach Hause. Auf der Straße spricht ihn eine Reporterin an. Hören Sie das Gespräch und beantworten Sie die Fragen.

1 Wie viele Fernseher gibt es in der Wohnung von Familie Mutlu?
2 Wo sieht Deniz gerne fern?
3 Wie viele Stunden sieht Deniz an Wochentagen fern?
4 Welche Sendungen sieht Deniz besonders gerne?
5 Welche Snacks nascht Deniz gerne beim Fernsehen?

naschen = Chips, Süßigkeiten etc. essen

24 **b** Hören Sie noch einmal. Was sagt Deniz? Kreuzen Sie an.

1 Ich mag
- ☐ nicht nur lustige Filme, sondern auch andere Sendungen.
- ☐ sowohl lustige Filme als auch andere Sendungen.

2 Ich esse
- ☐ zwar Chips, aber keine Schokolade.
- ☐ weder Chips noch Schokolade.

nicht nur ..., sondern auch ...
sowohl ... als auch ...
weder ... noch ...
zwar ..., aber ...
entweder ... oder ...

c Sehen Sie sich noch einmal die Liste in Aufgabe 1b an. Welche Sendungen mögen Sie (nicht)? Schreiben Sie einen Satz mit *weder ... noch* und einen mit *nicht nur ..., sondern auch*. Vergleichen Sie im Kurs.

d Welche Fernsehgewohnheiten haben die Teilnehmerinnen und Teilnehmer in Ihrem Kurs? Schreiben Sie die fünf Fragen aus Übung 2a um und machen Sie eine Umfrage. Vergleichen Sie dann. Wer hat die meisten Fernseher? Welche Snacks sind am beliebtesten? Etc.

Frage	Paula	Karim	Eva
1. Wie viele Fernseher gibt es in deiner/Ihrer Wohnung?			
2. ...			
3. ...			
4. ...			
5. ...			

3 Was gucken wir heute?

Deniz Mutlu mit seiner Frau Tanja und seinen Kindern Sami und Kiara

a Familie Mutlu will fernsehen. Lesen Sie die Situationen und die Programminformationen. Finden Sie für jede Situation eine passende Sendung?

1 Deniz sucht einen lustigen Spielfilm für die ganze Familie.
2 Sami will um Viertel nach acht einen spannenden Krimi sehen.
3 Kiara sucht eine Kindersendung, bei der sie etwas lernen kann.
4 Tanja sieht gerne Fernsehdiskussionen zu Gesundheitsthemen.

19.25 Landarzt Dr. Imhoff
Arztserie (D/CH 13, Wh.).
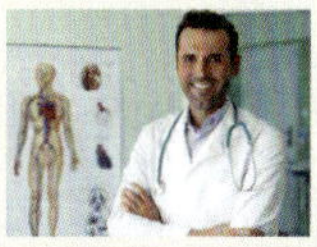
Die kleine Julia hat einen schweren Autounfall. Kann Dr. Imhoff sie retten?

20.00 Tagesschau/Wetter

20.15 Wer gewinnt?
Quizshow mit Hans Fichtel. Fünf Kandidaten spielen um 100.000 Euro.

21.50 Mord am Meer
Krimi (D/DK, 16).

Wer ist die tote Frau am Strand? Kommissar Petersen steht vor einem Rätsel.

22:45 Schmidbauer
Talkshow. Wanda Schmidbauer diskutiert mit prominenten Gästen: „Leben Vegetarier gesünder?"

18.30 Planet Erde

Naturdoku. Pinguine in der Antarktis

19.10 Beste Freundinnen

Daily Soap. Stella ist in den Mann ihrer Freundin verliebt.

19.40 Nachgefragt
Magazin. Internet statt Fernsehen? Wie wichtig ist YouTube?

20.15 WM-Qualifikation
Fußball live: Irland - Polen

Anstoß in Dublin um 20.45 Uhr
Moderation: Oliver Stemberger

22.40 Spider-Man 3
Comicverfilmung (USA 07, Wh.). Mit Tobey Maguire und Kirsten Dunst.

0.30 Das Haus im Wald
Horrorfilm (USA/UK 12)

17.15 Was sagt der Erklär-Bär?

Wissenssendung für Kinder. Heute: Wie entsteht ein Wirbelsturm?

18.40 Die Simpsons
Zeichentrickserie (USA 13, Wh.)

19.05 Traumurlaub
Reisedokumentation.

Mit dem Wohnmobil durch Australien.

20.15 Immer Ärger mit Oskar
Familienkomödie (F/D/I, 16). Mit Lorena Costello und Julian Fiedler.

21.45 Sportschau XXL
Mit aktuellen Berichten: Boxen, Formel 1, Leichtathletik

22.30 Unfairer Handel
Reportage. Arbeitsalltag in einer Textilfabrik in Bangladesch.

b Familie Mutlu unterhält sich über das Fernsehprogramm. Hören Sie und kreuzen Sie an. 25

		✓	✗
1	Kiara darf sich zwei Sendungen aussuchen.	☐	☐
2	Deniz und Sami wollen die Fußballübertragung sehen.	☐	☐
3	Tanja guckt nie Fußball.	☐	☐
4	Tanja will weder die Talkshow noch die Reportage sehen.	☐	☐

In der Alltagssprache sagen wir „Ich gucke Fernsehen" statt „Ich sehe fern".

c Zu zweit. Sie möchten zusammen fernsehen. Sprechen Sie über das Fernsehprogramm in Übung a. Welche Sendungen finden Sie interessant, welche nicht? Einigen Sie sich auf eine Sendung, die Sie beide gut finden. Die Textbausteine helfen Ihnen. Machen Sie Notizen.

Ich möchte **weder** … **noch** … sehen.
Ich mag **nicht nur** …, **sondern auch** … .

Wir könnten **entweder** … **oder** … sehen.
Ich mag **zwar** …, **aber** … .

d Arbeiten Sie nun mit einer neuen Partnerin/einem neuen Partner und berichten Sie ihr/ihm, welche Sendungen Ihre Partnerin/Ihr Partner aus 3c interessant findet und welche nicht.

4 Die Lieblingsbeschäftigung der Deutschen

Im Durchschnitt sitzen die Deutschen etwa 3,5 Stunden pro Tag vor dem Fernseher, auch wenn eigentlich „gar nichts kommt". Die meisten Leute sagen, sie sehen fern, um sich zu entspannen. Es gibt aber noch viele andere Gründe.

26 **a** Warum sieht Deniz fern? Hören Sie und ergänzen Sie:

damit ich weiß, was in der Welt passiert | um mich zu informieren

Fernsehen ist Unterhaltung. Ich gucke gern Spielfilme oder Sportsendungen. Ich sehe aber auch fern, ... Naturdokus und aktuelle Reportagen finde ich sehr interessant. Außerdem gucke ich jeden Tag die Nachrichten, ...

27 **b** Hören Sie jetzt vier weitere Personen. Warum sehen die Leute fern? Ordnen Sie die Gründe zu.

Ich sehe fern, **um** schnell Deutsch **zu** lernen.
damit ich schnell Deutsch lerne.

1	zur Unterhaltung	4	**um** mich **zu** informieren	7	**damit** ich besser einschlafen kann
2	aus Gewohnheit	5	**um** Deutsch **zu** lernen	8	**damit** ich mich nicht so alleine fühle
3	aus Langeweile	6	**um** mich **zu** entspannen	9	**damit** ich mitreden kann

Carlotta 8

Fritz ☐

Ella ☐

Miguel ☐

die Flimmerkiste = Alltagssprache für „Fernseher"
zappen = durch die Programme schalten

c Bei Streaming-Diensten oder über die Webseiten deutscher Fernsehsender können Sie Filme und Serien auf Deutsch ansehen. Diskutieren Sie..

1 Hilft das beim Deutschlernen?
2 Können Sie einen Film oder eine Serie empfehlen?
3 Sollte man zum Lernen mit oder ohne Untertitel fernsehen?

TIPP

Die „Sendung mit der Maus" ist eine der erfolgreichsten Kindersendungen im deutschen Fernsehen. Sie ist nicht nur bei Kindern, sondern auch bei Erwachsenen beliebt. Sie können sich die Sendungen im Internet anschauen.

5 Wieso? Weshalb? Warum?

Kiara will immer alles ganz genau wissen. Lesen Sie die Fragen und die Antworten. Ordnen Sie zu.

1 Mama, wieso darf ich nur eine Fernsehsendung am Tag sehen?
2 Warum kaufen wir jede Woche eine Programmzeitschrift?
3 Weshalb hast du gerade den Fernseher ausgeschaltet?
4 Warum ist Sami gestern ins Kino gegangen?
5 Wieso muss ich jetzt schon ins Bett?

Damit du morgen in der Schule nicht müde bist. | Weil zu viel Fernsehen ungesund ist. | Damit wir wissen, was im Fernsehen kommt. | Um den neuen James-Bond-Film zu sehen. | Weil wir gleich zu Abend essen.

weil
damit
um ... zu

6 Laut Statistik ...

a Welche Sportarten sehen Sie hier? Ordnen Sie zu.

1 2 3 4 5 6

a Reiten
b Eishockey
c Radrennen
d Eiskunstlauf
e Leichtathletik
f Golf

b Die Mehrheit der Zuschauer sieht gern Sportübertragungen im Fernsehen. Welche Sportarten sind besonders beliebt? Die Programmzeitschrift *Fernsehspaß* wollte es genau wissen und befragte 1.475 Personen im Alter von 18 bis 88. Sehen Sie sich das Diagramm an und sprechen Sie im Kurs über das Ergebnis.

10 % der Männer sehen gern Eishockey.

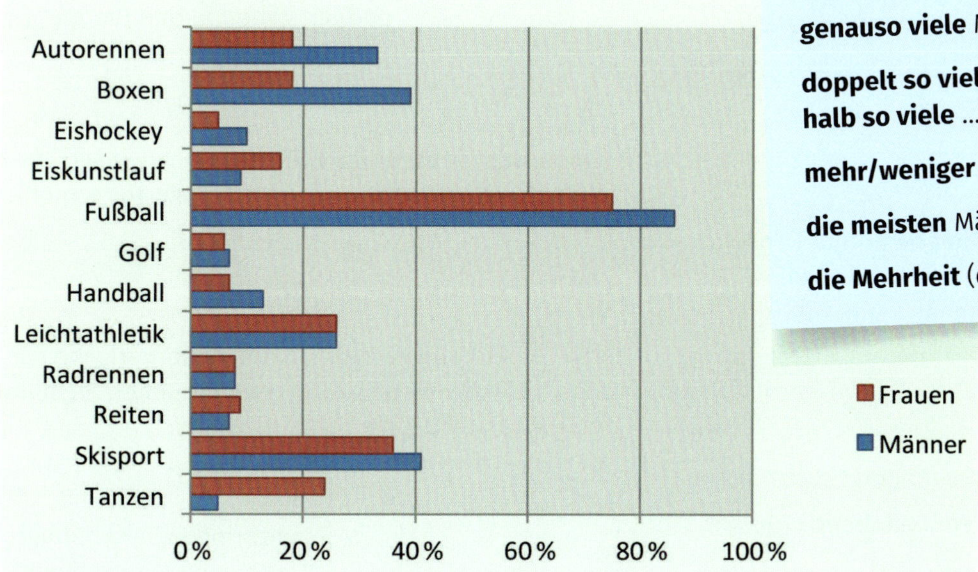

10 % der Männer

(etwa) **die Hälfte/ein Drittel/ ein Viertel** der Frauen

genauso viele Männer **wie** Frauen

doppelt so viele ... **wie** .../
halb so viele ... **wie** ...

mehr/weniger ... **als** ...

die meisten Männer

die Mehrheit (der Frauen)

c Sehen die Leute in Ihrem Heimatland auch gern Sport im Fernsehen? Welche Sportarten sind besonders beliebt? Erzählen Sie.

gern, lieber, am liebsten

d Ergänzen Sie.

1. beliebt .... *am beliebtesten*
2. interessant ....
3. langweilig ....
4. spannend ....

e Suchen Sie sich jetzt fünf Sportarten aus und machen Sie eine Rangliste wie auf dem Zettel. Ganz oben steht die Sportart, die Sie am liebsten mögen. Sprechen Sie dann in kleinen Gruppen über Ihre Liste.

... lieber als ...
... genauso gern wie ...
... nicht so gern wie ...

1. Leichtathletik
2. Radrennen
3. Fußball
4. Autorennen
5. Golf

Ich finde Leichtathletik ***am interessantesten*** *und Golf* ***am langweiligsten****.*

Ich finde Golf nicht ***so spannend wie*** *Fußball.*

Ich sehe Radrennen ***lieber als*** *Autorennen.*

7 Ein Fußballabend mit Miguel

19.45 **Fußball live: WM-Qualifikation**
Deutschland - Spanien
Anstoß in Berlin
um 20.15 Uhr

a Miguel bekommt eine Nachricht von seinem Freund Mark.

Hallo Miguel, guckt ihr am Samstag Fußball?

Wie geht es weiter? Schreiben Sie die Nachrichten zuerst in der richtigen Reihenfolge in Ihr Heft. Beantworten Sie dann die Fragen unten.

- Klar. Willst du mitgucken? Rabia und ich gehen in den Biergarten.
- Das mache ich. LG und bis Samstag.
- Komme gerne. 🙂 Wohin genau?
- Oh je, das ist natürlich blöd. Sag ihm, wir schicken ihm eine Nachricht, wenn jemand ein Tor schießt.
- Nein, Simon kommt nicht mit. Er muss arbeiten und ist total sauer, weil er das Spiel nicht sehen kann. 😑
- In den Biergarten am Mauerpark. Wo wir schon mal waren. Kommt Simon auch mit?

1 Wo findet der Fußballabend statt?
2 Wer kommt zum Fußballabend?

> **mit-**
> mitbringen, mitkommen, mitmachen, mitreden etc.

b Miguel spricht mit Karen. Lesen Sie und ergänzen Sie.

Miguel: Du interessierst dich doch auch für Fußball, oder?

Karen: Ja, Miguel, Fußball ist der Sport, ... mich am meisten interessiert. Warum?

Miguel: Rabia, Mark und ich wollen am Samstag das Spiel sehen. In dem Biergarten am Mauerpark, in .... wir schon mal waren. Weißt du noch?

Karen: Ja, klar. War das nicht der schöne Abend, an .... Deutschland 3:0 gewonnen hat?

Miguel: Genau, der war es. Aber diese Woche ist der Sieger ja wohl klar. Spanien hat einfach Spieler, gegen .... ihr nichts machen könnt.

Karen: Ha, ha – das sehen wir ja dann. Wir haben doch unseren tollen Torwart, ... alle Bälle hält.

Miguel: Träum weiter!

Relativpronomen				
Nom.	der	die	das	die
Akk.	den	die	das	die
Dat.	dem	der	dem	denen

8 Sieger und Verlierer

a Fußballdeutsch ... damit Sie mitreden können. Wer macht was beim Fußball? Ordnen Sie zu.

1	der Schiedsrichter	a	steht im Tor und versucht, den Ball zu halten.
2	die Zuschauer/die Fans	b	versuchen, ein Tor zu schießen.
3	die Spieler	c	sitzen im Stadion oder vor dem Fernseher.
4	der Torwart	d	trainiert die Mannschaft.
5	der Kommentator	e	zeigt die rote/gelbe Karte.
6	der Trainer	f	berichtet über das Spiel.

b Wie haben die Mannschaften gespielt? Sehen Sie sich die Fußballergebnisse an. Hören Sie das Beispiel und variieren Sie den Dialog. 28

der Sieger
der Sieg
der Verlierer
die Niederlage

▶ Sag mal, weißt du, wie Spanien gespielt hat?
▷ Ja, Spanien hat 3:1 gegen die USA gewonnen.
▶ Und wie hat Kroatien gegen die Ukraine gespielt?
▷ 1:1 unentschieden.

gegen ... spielen
unentschieden spielen
gewinnen, siegen
verlieren

Fußballergebnisse			
Spanien – USA	3:1	Kroatien – Ukraine	1:1
Tschechien – Italien	0:0	Polen – Niederlande	1:0
Österreich – Belgien	2:4	Portugal – Schweden	2:1
Mexiko – Uruguay	0:1	England – Ghana	3:2

9 Alles, was zählt

Alles, **was** ich weiß ...
Nichts, **was** wir tun können ...
Etwas, **was** ich nicht verstehe ...

Das Fußballspiel hat noch nicht angefangen. Ein Reporter spricht gerade mit dem Fußballexperten Oliver Stemberger. Hören Sie das Gespräch und kreuzen Sie an: a oder b. 29

1 Um in die nächste Runde zu kommen, muss die deutsche Mannschaft
a ☐ gewinnen. | b ☐ unentschieden spielen.

2 Das Spiel wird schwierig, weil
a ☐ die Mannschaft nicht an einen Sieg glaubt. | b ☐ drei Spieler nicht mitspielen können.

3 Der Trainer hat eine Entscheidung getroffen, die
a ☐ viele Zuschauer nicht verstehen. | b ☐ der Fußballspieler Florian Möller nicht gut findet.

4 Oliver Stemberger sagt, dass
a ☐ Florian Möller bald für Real Madrid spielen wird. | b ☐ sich mehrere Fußballclubs für Florian Möller interessieren.

10 Ein Fernsehabend bei Ihnen

a Sprechen Sie zu zweit und planen Sie einen Fernsehabend. Überlegen Sie:

1 Was möchten Sie sehen (z. B. eine Sportübertragung, einen Spielfilm, eine Serie auf DVD)?
2 Wo soll der Fernsehabend stattfinden? Wen wollen Sie noch einladen?
3 Welche Snacks und Getränke brauchen Sie? Wer kauft was ein?

b Arbeiten Sie zu dritt. Zwei Personen diskutieren und beschreiben ihren Plan für den Fernsehabend. Sie haben unterschiedliche Meinungen. Die dritte Person hilft bei der Kommunikation.

Sprachbausteine

Fernsehsendungen
die Sportsendung/-übertragung, die Kindersendung, der Zeichentrickfilm, die Doku, die Nachrichten, die Soap, der Krimi, der Spielfilm, die Komödie, die Wissenssendung, die Quizshow, die Reportage, die Talkshow

Über Statistiken sprechen
Laut Statistik ...
80 % der Personen
die Mehrheit, die Minderheit
(etwa) die Hälfte/ein Drittel/ein Viertel
genauso viele/doppelt so viele/halb so viele ... wie ...
mehr/weniger ... als ...

Über Fußball sprechen
die Fans, der Schiedsrichter, die Spieler, die Mannschaft, der Torwart, der Trainer, der Kommentator, das Tor, der Anstoß
spielen ... gegen ...
gewinnen, siegen, der Sieg, der Sieger
verlieren, die Niederlage, der Verlierer

Grammatik

Zweiteilige Konjunktionen

weder ... noch ... — Ich mag **weder** Krimis **noch** Sportsendungen.
nicht nur ..., sondern auch ... — Wir gucken **nicht nur** Fußball, **sondern auch** Autorennen.

Sätze mit *damit* verbinden
Ich gucke die Nachrichten, **damit** ich informiert bin.
..., **um** mich **zu** informieren.
..., **weil** ich mich informieren möchte.

Adjektive: Komparativ und Superlativ

beliebt – beliebter – am beliebtesten

Fußball ist **beliebter als** Handball.
Handball ist **nicht so beliebt wie** Fußball.
Ist Golf **genauso beliebt wie** Fußball?

Relativsätze mit *was*
Wir haben alles, **was** wir brauchen.
Es gibt nichts, **was** unmöglich ist.
Das ist etwas, **was** ich nicht verstehe.

Relativpronomen

	Singular			Plural
	maskulin	**feminin**	**neutral**	
Nominativ	der	die	das	die
Akkusativ	den	die	das	die
Dativ	dem	der	dem	denen

So war das damals ...

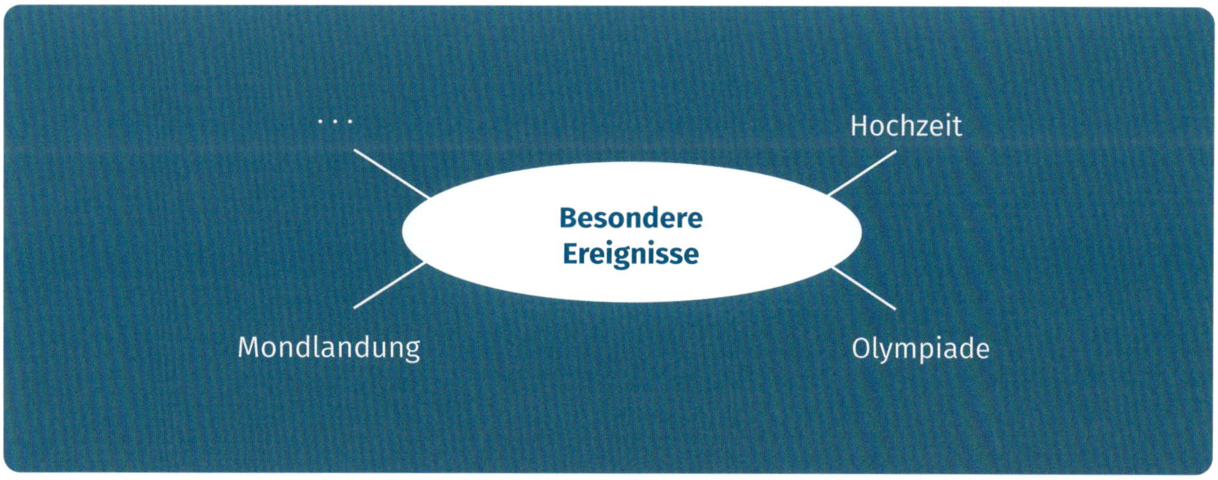

1 Erinnerungen

a Akono hat seine Erinnerungen aufgeschrieben. Lesen Sie Akonos Erinnerungen. Welche Stationen hatte sein Leben? Ergänzen Sie die Tabelle.

	Orte	Menschen	Ereignisse
Kindheit	*Lagos, Nigeria*		
Schulzeit		*Lehrer*	
Studienzeit			
Ehe			
Auswanderung			

Als ich ein kleiner Junge war, lebte ich mit meiner Familie in Lagos, in Nigeria. Unser Stadtviertel war direkt am Meer. Es gab viel frischen Fisch. Ich erinnere mich gerne daran, wie meine Mutter kochte und wir alle zusammen aßen. Es roch so gut nach unseren afrikanischen Gewürzen! Meine Familie war sehr musikalisch. Wir sangen und tanzten oft. Alle spielten verschiedene Instrumente. Und meine Großmutter erzählte uns Geschichten. Sie war die beste Geschichtenerzählerin in der Nachbarschaft, und alle hörten ihr zu.

Aber wir hatten nicht nur gute Zeiten. Meine Familie verdiente sehr wenig Geld. Wir hatten nur ein kleines altes Haus. Dort lebten wir zu neunt: meine Großeltern, meine Eltern, meine vier Geschwister und ich. Meine Großeltern und meine Eltern mussten hart arbeiten, um uns Kinder zu ernähren.

Ich hatte trotzdem viel Glück. Ich durfte eine gute Schule besuchen. Mein Lehrer war ein sehr netter Mensch. Er schenkte mir viele Bücher und half mir beim Lernen. Er unterstützte mich auch dabei, mich um ein Stipendium zu bewerben. Ich träumte von einem Medizinstudium, aber ich bekam ein Stipendium für Ingenieurwissenschaften. Ich zog in unsere Hauptstadt Abuja und wurde Ingenieur statt Arzt. Bald konnte ich mir keinen anderen Beruf mehr vorstellen. Ich wollte Straßen und Brücken bauen.

Ich lernte Mary kennen, und gleich nach den Abschlussprüfungen heirateten wir und zogen zu meinen Schwiegereltern nach Ibadan. Wir bekamen zwei Kinder, Joana und Tayo. Ich wollte meiner Familie ein schönes Leben bieten, aber leider konnte ich keinen guten Job finden. Meine Frau und ich hatten oft Streit um Geld. Ich bekam dann ein Visum für Deutschland und ging für ein Jahr nach Stuttgart. Da verdiente ich gut, aber natürlich war es sehr schwer so weit weg von zu Hause. Nach einem Jahr wollte ich zurückkehren, aber dann bekam ich ein sehr gutes Jobangebot. Ich blieb in Stuttgart und später zog ich nach Frankfurt. Meine Kinder kamen beide auch nach Deutschland. Vor sechs Monaten sind Tayo und Joana zu mir nach Deutschland gezogen. Von Mary bin ich geschieden. Ich hatte für ein paar Jahre eine deutsche Partnerin, aber auch mit ihr bin ich nicht mehr zusammen. Mit meinen Kindern habe ich Glück, aber mit den Frauen hatte ich leider Pech!

b Was ist richtig?

1 Akonos Familie
- a ☐ ging gerne ans Meer.
- b ☐ hatte keine Arbeit.
- c ☐ liebte Musik.

2 Akono ist
- a ☐ Arzt.
- b ☐ Ingenieur.
- c ☐ Lehrer.

3 Akono hat
- a ☐ Glück in der Liebe.
- b ☐ eine Ex-Frau und eine Ex-Freundin.
- c ☐ zwei Ex-Frauen und zwei Kinder.

4 Akono lebte in verschiedenen Städten. Es waren
- a ☐ drei Städte.
- b ☐ vier Städte.
- c ☐ fünf Städte.

c Lesen Sie den Text noch einmal und unterstreichen Sie die Verben in der Vergangenheitsform (Präteritum). Was denken Sie: Wie heißt der Infinitiv? Schreiben Sie.

Präteritum	Infinitiv
war	sein
lebte	leben
gab	geben
kochte	kochen
…	…

Ich glaube „gab" kommt von „geben".

> **Präteritum**
> Früher **lebte** ich in Nigeria.
> **Präsens**
> Heute **lebe** ich in Deutschland.

Sortieren Sie die Verben.

- Präteritum mit *-te:* lebte, kochte …
- andere Formen: war, gab …

d Beantworten Sie die Fragen zum Text.

1 Was aß Akono oft in seiner Kindheit? *Er* ....
2 Welches Problem hatten Akono und seine Familie? ....
3 Warum konnte Akono studieren? ....
4 Wann heiratete er? ....
5 Warum hatten seine Frau und er oft Streit? ....
6 Warum blieb er in Deutschland? ....

	leben
ich	lebte
du	lebtest
er/sie/es	lebte
wir	lebten
ihr	lebtet
sie/Sie	lebten

e Was wollte Akono eigentlich? Was passierte tatsächlich?

> Akono **wollte** Arzt **werden**.

1 Er wollte Medizin studieren, aber ....
2 Er wollte ....
3 Er wollte ....

2 Mein Leben

a Was wollten Sie früher? Was passierte tatsächlich? Schreiben Sie in Ihr Heft.

Ich wollte Astronaut werden, aber …

b Lesen Sie den Text Ihrer Partnerin/Ihres Partners. Arbeiten Sie dann mit einer weiteren Person und berichten Sie, was Sie gelesen haben.

c Welche Stationen hatte Ihr Leben?
Welche Orte, Menschen und Ereignisse waren für Sie wichtig?
Machen Sie sich Stichpunkte und schreiben Sie einen Text über Ihr Leben.

	Orte	Menschen	Ereignisse
Kindheit			
Schulzeit			
…			

3 Deutschland und die Deutschen

a Kennen Sie die deutsche Geschichte?
Ordnen Sie den Bildern die Jahreszahl und das passende Ereignis zu.

1

2

3

4

5

6

Bild 1 ....
Bild 2 ....
Bild 3 ....
Bild 4 ....
Bild 5 ....
Bild 6 ....

1990	Euroeinführung
1961	Kriegsende
1949	Mauerbau
2002	Mauerfall
1945	Staatsgründung BRD/DDR
1989	Wiedervereinigung

b Wissen Sie etwas über diese Ereignisse? Sprechen Sie.

Ich glaube, der Mauerbau kam plötzlich, oder?

Ja, das glaube ich auch. Die Menschen konnten plötzlich nicht mehr über die Grenze fahren.

30 **c** Hören Sie sechs Erinnerungen an diese Ereignisse und ordnen Sie zu.

Der Euro wurde eingeführt. ....
Der Krieg war zu Ende. *1*
Die Mauer wurde gebaut. ....
Die Mauer wurde geöffnet. ....
Die BRD und die DDR wurden gegründet. ....
Deutschland wurde wiedervereinigt. ....

d Hören Sie noch einmal und füllen Sie die Lücken. 30

1	2002	der Euro	besiegt
2	1961	die Berliner Mauer	eingeführt
3	1990	West- und Ostdeutschland wieder	gebaut
4	1989	die Grenze zum Westen	gegründet
5	1945	Deutschland von den Alliierten	geöffnet
6	Danach	das Land in vier Besatzungszonen	geteilt
7	1949	die BRD und die DDR	getrennt
8	Familien	für lange Zeit	vereinigt

1961: Die Mauer **wird** jetzt **gebaut**.
1970: Die Mauer **wurde** 1961 **gebaut**.

4 Ost und West

a Von 1949 bis 1990 war Deutschland geteilt. Ost- und Westdeutschland hatten ihre eigene Geschichte. Kreuzen Sie an, was zu welchem Teil Deutschlands passt.

		Ost	West
1	Das Land gehörte zur NATO.	☐	☐
2	Der erste Deutsche flog ins Weltall.	☐	☐
3	Der Name des Landes war *Deutsche Demokratische Republik*.	☐	☐
4	Die Hauptstadt war Bonn.	☐	☐
5	Die Hauptstadt war Ostberlin.	☐	☐
6	Die Kinder konnten schon früh in die Krippe gehen.	☐	☐
7	Die Nationalmannschaft wurde Fußballweltmeister.	☐	☐
8	Die Regierung wurde vom Bundeskanzler geführt.	☐	☐
9	Urlaub machte man am liebsten an der Ostsee.	☐	☐

b Schauen Sie sich die Deutschlandkarte an. Welche heutigen Bundesländer gehörten zur DDR und welche zur Bundesrepublik Deutschland? Wie war die Situation in Berlin? Nutzen Sie auch die Karte in Aufgabe 3a und schreiben Sie.

....

....

....

....

....

c Informationen zur DDR. Verbinden Sie die Sätze.

1	Als die DDR 1949 gegründet wurde,	a	lebte man in Westberlin wie auf einer Insel.
2	Als die Mauer in Berlin gebaut wurde,	b	auf einen Arbeitsplatz.
3	Reisen in den Westen	c	in die Krippe.
4	Jeder Mann und jede Frau hatte das Recht	d	waren kaum möglich.
5	Die Kinder kamen schon früh	e	sollte ein Arbeiter- und Bauernstaat entstehen.

d Suchen Sie im Internet Videos zu den Themen „Geteiltes Deutschland", „Leben in der DDR" oder „Mauerfall". Die Bilder aus dieser Zeit sind sehr interessant, auch wenn Sie nicht alles verstehen! Teilen Sie gute Links im Kurs.

5 Auswanderung und Einwanderung

a Lesen Sie Texte zu verschiedenen Phasen der Migration. Entscheiden Sie:
Geht es um Auswanderung (A) aus Deutschland oder um Einwanderung (E) nach Deutschland?

		A	E
1	Über 5 Millionen deutsche Auswanderer gingen im 19. Jahrhundert in die USA. Sie flohen vor Armut und Arbeitslosigkeit.	☐	☐
2	Die Industrie im Ruhrgebiet entwickelte sich sehr schnell. Neue Arbeitskräfte kamen vor allem aus Polen. Schnell wurde Deutschland zum wichtigsten Einwanderungsland nach den USA.	☐	☐
3	Viele Deutsche mussten im Nationalsozialismus ihr Land verlassen. Juden wurden verfolgt und politische Gegner verhaftet.	☐	☐
4	Als der Krieg zu Ende ging, mussten viele Deutsche fliehen. Sie zogen aus den Ostgebieten nach Westen. Viele Jahre lebten sie provisorisch in Notunterkünften.	☐	☐
5	Seit 1950 kamen 4,5 Millionen Russlanddeutsche aus der ehemaligen Sowjetunion, viele nach der Öffnung der Grenzen in den 1990er Jahren. Sie hatten deutsche Vorfahren.	☐	☐
6	Männer aus Italien, der Türkei und anderen südeuropäischen Ländern kamen in den 1950er bis 1970er Jahren als Gastarbeiter nach Westdeutschland. Die DDR holte Arbeitskräfte aus Vietnam.	☐	☐
7	Ab 1991 gab es jahrelang Bürgerkrieg in Jugoslawien. Deshalb kamen viele Menschen als Flüchtlinge nach Deutschland.	☐	☐
8	Viele Menschen kamen ab 2014 nach Deutschland, weil sie aus ihrer Heimat im Nahen Osten oder in Afrika fliehen mussten. Sie beantragten Asyl in Deutschland oder anderen EU-Ländern.	☐	☐
9	Die EU fördert Mobilität. Eine große Zahl von EU-Bürgerinnen und EU-Bürgern geht in ein anderes Land, um zu studieren, zu arbeiten oder einfach nur etwas Neues zu erleben.	☐	☐

b Warum kommen heutzutage Menschen aus dem Ausland nach Deutschland? Lesen Sie die Gründe der Personen. Denken Sie auch über einen Umzug nach Deutschland nach? Was sind Ihre Gründe? Sprechen Sie mit Ihrer Partnerin/Ihrem Partner.

Ich habe einen deutschen Mann geheiratet.

Melisa Schuhmann

Meine Familie musste fliehen. Jetzt mache ich in Deutschland eine Ausbildung.

Oleksandr Melnyk

Eine deutsche Firma hat mir einen sehr guten Job angeboten.

Rajesh Singh

Ich möchte ein Auslandsstudium in Köln machen.

Nurmala Susanto

6 Meine Sprachen

a Hören Sie vier Personen, die über ihre Erfahrungen mit Sprachen sprechen. Suchen Sie sich vor dem Hören eine Person aus und beantworten die Fragen zu „Ihrer" Person. Stellen Sie dann die Person im Kurs vor. 31

1 *Arsham, 27*

2 *Sira, 25*

3 *Anastasia, 22*

4 *Estrella, 32*

1 Woher kommt die Person?
2 Seit wann ist er/sie in Deutschland?
3 Was ist seine/ihre Muttersprache?
4 Welche anderen Sprachen spricht er/sie noch?
5 Mit wem spricht er/sie welche Sprache?

b Lesen Sie ein Interview mit Alexej zum Thema *Sprachen*. Schreiben Sie dann einen kurzen Text.

▶ Woher kommen Sie?
▷ Ich bin aus Usbekistan erst in den Iran gegangen und bin zwei Jahre später nach Deutschland gezogen.
▶ Wie haben Sie Deutsch gelernt?
▷ Ich bin einfach in die Stadt gegangen und habe den Leuten zugehört. Nach einem halben Jahr habe ich dann einen Platz im Deutschkurs bekommen. Da habe ich bis B1 gelernt.
▶ Hat die deutsche Sprache Ihre Muttersprache verdrängt?
▷ Nein. Usbekisch, meine Muttersprache, ist für mich immer noch die Sprache, in der ich mich am meisten zu Hause fühle.

Alexej ging aus Usbekistan ...

Beim Sprechen verwenden wir oft Perfekt als Vergangenheitsform. Beim Schreiben wird oft Präteritum verwendet.

c Stellen Sie sich gegenseitig Fragen zum Thema *Sprachen*. Berichten Sie. Machen Sie eine Hitliste. Wer spricht die meisten Sprachen bei Ihnen im Kurs?

7 Knifflige Wörter

a Wiederholen Sie noch einmal die Wörter aus Lektion 6. Welche sind schwierig für Sie?

b Hören Sie einige Wörter und schreiben Sie sie mit. 32

c Sammeln Sie schwierige Wörter in Ihrer Sprache. Tauschen Sie sich mit Ihrer Partnerin/Ihrem Partner aus und erklären Sie Aussprache, Schreibweise und Bedeutung der Wörter.

Sprachbausteine

Wünsche und Möglichkeiten

Ich durfte eine gute Schule besuchen.
Mit dem Stipendium konnte ich studieren.
Ich wollte Straßen und Brücken bauen.
Nach einem Jahr wollte ich zurückkehren.
Leider konnte ich keinen guten Job finden.

Ich träumte von einem Medizinstudium, aber ...
Eigentlich wollte ich Arzt werden, aber ...

Migration

Wir mussten fliehen/unser Land verlassen.
Ich habe Asyl beantragt.
Ich bin erst nach ... gegangen. Dann bin ich nach ... gezogen.
Ich hatte ein Visum für Deutschland.
Ich habe Deutsch im Integrationskurs gelernt.
Meine Heimat ist Mali, mein Zuhause Deutschland.
Auswanderung, Einwanderung

Muttersprache, Zweitsprache, Fremdsprache, Amtssprache

Grammatik

Präsens	**Präteritum**
Heute **lebe** ich in Deutschland.	Früher **lebte** ich in Nigeria.
Ich **bin** Ingenieur.	Ich **war** Student.
Peter **will** Arzt **werden**. Er studiert jetzt.	Ich **wollte** damals Arzt **werden**.
Ich **kann** gut **kochen**.	Ich **konnte** als Kind gut **schwimmen**.
Die DDR **wird** nun **gegründet**.	Die DDR **wurde** 1949 **gegründet**.
Die Berliner Mauer **wird** jetzt **gebaut**.	Die Berliner Mauer **wurde** 1961 **gebaut**.

Verben im Präteritum

	regelmäßig		unregelmäßig		Mischverben	andere Verben		
	lachen	**arbeiten**	**kommen**	**gehen**	**denken (e → a)**	**sein**	**haben**	**werden**
ich	lachte	arbeitete	**kam**	**ging**	dachte	**war**	**hatte**	**wurde**
du	lachtest	arbeitetest	**kamst**	**gingst**	dachtest	**warst**	**hattest**	**wurdest**
er/sie/es	lachte	arbeitete	**kam**	**ging**	dachte	**war**	**hatte**	**wurde**
wir	lachten	arbeiteten	**kamen**	**gingen**	dachten	**waren**	**hatten**	**wurden**
ihr	lachtet	arbeitetet	**kamt**	**gingt**	dachtet	**wart**	**hattet**	**wurdet**
sie/Sie	lachten	arbeiteten	**kamen**	**gingen**	dachten	**waren**	**hatten**	**wurden**

Arbeitsbuch

Im Arbeitsbuch finden Sie:

- **ein separates Aussprachetraining, mit dem Sie von Beginn an Ihre Aussprache verbessern können**
- **vertiefende Übungen zu allen sechs Lektionen im Kursbuch, die Sie im Unterricht oder zu Hause machen können**
- **den Lernwortschatz jeder Lektion zusammengefasst, mit viel Platz zum Bearbeiten**

Inhalt

1 Die R-Laute

33 **a** Hören Sie die Wörter. Wo hören Sie einen R-Laut und wo nicht? Ordnen Sie zu.

Mutte**r**	**R**ose	B**r**ot	Be**r**uf	nu**r**	da**r**f

b Kreuzen Sie an und finden Sie die Regeln. Notieren Sie auch Beispiele aus Aufgabe 1a.

	man hört das konsonantische R [ʁ]	man hört das vokalische R [ɐ]	Beispiele
a) ***r*** am Wortanfang			
b) ***r*** am Silbenanfang			
c) ***r*** nach Konsonanten			
d) ***r*** nach kurzen Vokalen			
e) ***r*** nach langen Vokalen			
f) ***r*** in *-er*			

TIPP

Das konsonantische R [ʁ] wird in jeder deutschsprachigen Region unterschiedlich realisiert.

Das vokalische R [ɐ] wird

a) nach langen Vokalen
b) in den Präfixen *ver-*, *zer-*, *er-*
c) in der Endung *-er*

gesprochen.

c Wo hören Sie [ʁ], wo [ɐ]? Lesen Sie die Wörter und kreuzen Sie an. Notieren Sie auch, welche Regel aus Aufgabe 1b zutrifft. 34

	konsonantisch [ʁ]	vokalisch [ɐ]	Regel
warten	X		d (r nach kurzen Vokalen)
über			
reden			
begrüßen			
Bier			
informieren			
verschieden			
für			
Fernseher (2x)			
Lehrer (2x)			

d Hören Sie den Text. Wo hören Sie das konsonantische R, wo das vokalisierte R? Markieren Sie. 35

Ein schöner Herbsttag im Oktober

Heute ist Donnerstag. Die Sonne scheint und Herr Meyer geht mit seinem Hund spazieren. Er läuft quer durch den Park, am Ententeich vorbei und entlang der Hauptstraße zurück. Kurz vor seinem Haus fängt es an zu regnen. Oh nein! Er hat doch keinen Regenschirm dabei! Aber das ist kein Problem. Er rennt ein kurzes Stück und schon ist er wieder zu Hause, im Trockenen. Sein Hund will draußen bleiben und mit den Regentropfen spielen.

e Lesen Sie den Text jetzt zusammen mit Ihrer Partnerin/Ihrem Partner und achten Sie auf die richtige Aussprache der R-Laute.

2 Der Ang-Laut

a Hören Sie die Wortreihen. Achten Sie auf die markierten Laute. Welchen Unterschied hören Sie? 36

1 Wa**nn**en – Wa**ng**en – wa**nk**en
2 ri**nn**en – ri**ng**en – tri**nk**en
3 si**nn**en – si**ng**en – si**nk**en
4 ba**nn**en - Ba**nk**en – ba**ng**en
5 A**nn**a – A**ng**er – A**nk**er

TIPP

Der Ang-Laut [ŋ] ist ein Nasalkonsonant. Der Ang-Laut steht nur in der Wortmitte oder am Wortende. Es gibt zwei Varianten:

[ŋ]	ng	Man schreibt *ng*, aber man hört das [g] beim Sprechen nicht. Beispiele: la**ng**e, Me**ng**e Ausnahme: bei einigen Vornamen, z. B. I**ng**a, I**ng**olf. Hier hört man das [ŋg] beim Sprechen.
[ŋk]	nk	Man schreibt *nk* und es wird immer als [ŋk] gesprochen. Beispiele: le**nk**en, A**nk**e Ausnahme: bei Wort- und Silbengrenzen, wie z. B. ei**nk**aufen (ein-kaufen) – Wei**nk**iste (Wein-kiste). Hier wird *nk* als zwei separate Konsonanten gesprochen.

b Lesen Sie die Wörter im Singular. Notieren Sie dann die Pluralform. Lesen Sie gemeinsam mit Ihrer Partnerin/Ihrem Partner die Singular- und Pluralformen und achten Sie auf den Ang-Laut.

1 das Getränk → ……………………

2 das Geschenk → ……………………

3 der Junge → ……………………

4 die Veranstaltung → ……………………

5 die Zeitung → ……………………

6 die Wohnung → ……………………

7 die Einladung → ……………………

8 die Rechnung → ……………………

37 **c** Hören Sie zur Kontrolle und sprechen Sie nach.

d Entscheiden Sie: Wann spricht man den Ang-Laut, wann nicht?

	Ang- Laut	kein Ang-Laut
Geschenk	☐	☐
hingefallen	☐	☐
Entschuldigung	☐	☐
einkaufen	☐	☐
Angebot	☐	☐
Getränk	☐	☐
Krankenhaus	☐	☐

38 **e** Hören Sie zur Kontrolle und sprechen Sie mit.

3 Der Wortakzent bei Komposita und trennbaren und untrennbaren Verben

a Bilden Sie Komposita mit den Wörtern in dem Kasten.

Arbeits- **Personal-** **-pause** **-beauftragter**
-büro **-betreuung** **Brand-**
Mittags- **Werbe-** **Kunden-**
-schutz **-text** **-beginn**

1 ...

2 ...

3 ...

4 ...

5 ...

6 ...

b Hören Sie die Wörter und markieren Sie die Akzentsilbe. 39

c Lesen Sie die Komposita mit Ihrer Partnerin/Ihrem Partner und markieren Sie die Akzentsilbe durch ein Klopfen auf dem Tisch.

d Ergänzen Sie die fehlenden Wörter und kreuzen Sie die richtige Antwort an.

Sommerferien = ... + ...

Wort 1 = Bestimmungswort Wort 2 = Grundwort

Der Wortakzent bei Komposita liegt immer
auf dem ☐ Grundwort ☐ Bestimmungswort,
also auf dem ☐ ersten ☐ zweiten Wort.

e Setzen Sie sich im Kurs in einen Kreis. Denken Sie sich ein Kompositum aus. Das Grundwort dieses Wortes ist das Bestimmungswort des nächsten Wortes. Danach ist Ihre rechte Nachbarin/Ihr rechter Nachbar an der Reihe. Achten Sie auf die richtige Betonung. Anschließend schreiben Sie die Wörter, an die Sie sich erinnern können.

Beispiel:

a Hoch**haus** b **Haus**tier c ...

...

...

...

...

...

40 **f** Hören Sie die Wörter der folgenden Wortfamilien. Markieren Sie die Akzentsilbe.

fahren – erfahren – die Erfahrung – abfahren – die Abfahrt

ziehen – umziehen – der Umzug – einziehen – der Einzug

gehen – eingehen – der Eingang – ausgehen – der Ausgang

kaufen – verkaufen – der Verkäufer – einkaufen – der Einkauf

g Leiten Sie die Regel ab.

einkaufen = ... + ...

Präfix Wortstamm

	auf dem Wortstamm betont	auf dem Präfix betont
Wörter ohne Präfix sind:	☐	☐
Trennbare Verben sind:	☐	☐
Untrennbare Verben sind:	☐	☐

- Untrennbare Präfixe im Deutschen sind: *be-, er-, ent-, ge-, ver-, zer-.*
- Trennbare Präfixe sind: *ab-, auf-, aus-, bei-, ein-, fest-, fort-, los-, nach-, vor-, weg-, weiter-, wieder-, zu-, zurück-.*

41 **h** Lesen Sie die Sätze und notieren Sie die Infinitive der Verben. Welche ist die Akzentsilbe? Kreuzen Sie an und sprechen Sie. Achten Sie auf die korrekte Betonung. Hören Sie zur Kontrolle die Infinitive.

	Infinitiv	**stamm-betont**	**präfix-betont**
Beispiel: Sie schrieb ihm ihre Adresse auf.	aufschreiben	☐	☒
In den Ferien hat er viele Überraschungen erlebt.	....	☐	☐
Wir werden das Thema morgen besprechen.	....	☐	☐
Nachts hat er Probleme einzuschlafen.	....	☐	☐
Er entschied sich für ein Studium in Frankfurt.	....	☐	☐
Wir sind im Herbst nach Berlin zurückgekommen.	....	☐	☐
Der Flug wurde abgesagt.	....	☐	☐

1 Reisepläne 1

a Lesen Sie die Reisepläne der drei Personen. Füllen Sie die Tabelle aus.

Sarah
„Mein Mann kommt aus dem Süden von Frankreich und hat sich nach neun Jahren Ehe immer noch nicht an die Adventszeit in Deutschland gewöhnt. Er mag es einfach nicht, die Wohnung zu schmücken, mit Freunden auf den Weihnachtsmarkt zu gehen und im Wald einen Baum zu schlagen. In diesem Jahr wollen wir deswegen dem Weihnachtsstress zumindest kurz entfliehen. Wir werden am Wochenende des zweiten Advents nach Marseille fahren und dort seine Familie besuchen. Leider können wir nur vier Tage bleiben, freuen uns aber trotzdem schon sehr darauf. Da alle Flüge an diesem Wochenende schon ausgebucht waren, fahren wir mit unserem Auto. Wir haben uns wie immer wieder einmal viel zu spät entschlossen, diesen Kurztrip zu machen."

Sandro
„Man muss nicht jeden Sommer nach Italien, Spanien, Frankreich oder in die Türkei fliegen. Das dachten sich mein Kumpel und ich auch. Warum soll man seinen Sommerurlaub nicht mal im Norden Europas verbringen? Deswegen wollen wir uns ein Wohnmobil von Freunden ausleihen und quer durch Norwegen und Schweden fahren. Der Plan ist, in der ersten Woche an der Westküste Norwegens nach Norden und in der zweiten Woche auf der schwedischen Seite wieder südwärts zu fahren. Wir wissen, dass wir viel Zeit im Wohnmobil verbringen werden, aber im Juni ist es in Skandinavien sehr lange hell und das ist ideal für ein Abenteuer in dieser wilden Landschaft. Wir freuen uns jetzt schon riesig auf unseren etwas anderen Sommerurlaub!"

Shannon
„Mein Mann und ich sind schon über zehn Jahre zusammen und letztes Jahr hat er mir endlich einen Antrag gemacht und mich gefragt, ob ich ihn heiraten möchte. Natürlich habe ich Ja gesagt. Am 8. August haben wir dann mit unserer Familie die Hochzeit in unserer kleinen Kirche und anschließend in einem feierlichen Festsaal gefeiert. Leider konnten wir nicht direkt Urlaub machen, aber im September werden unsere Flitterwochen nun endlich beginnen. Wir können es gar nicht erwarten, in das Flugzeug einzusteigen und loszufliegen. Auf Bali erwartet uns die Hochzeitssuite in einem schönen kleinen Hotel. Wir können den ganzen Tag am Strand liegen und einfach nur entspannen. Und das Beste ist, dass unsere Hochzeitsreise ganze drei Wochen dauern wird, in denen wir den Alltag vergessen können und neue Energie tanken können."

Person	Warum?	Wohin?	Wann?	Wie lange?	Verkehrsmittel?
Sarah					
Sandro					
Shannon					

b Ergänzen Sie. Wohin kann man in Urlaub fahren und womit? Wo kann man übernachten und was kann man machen?

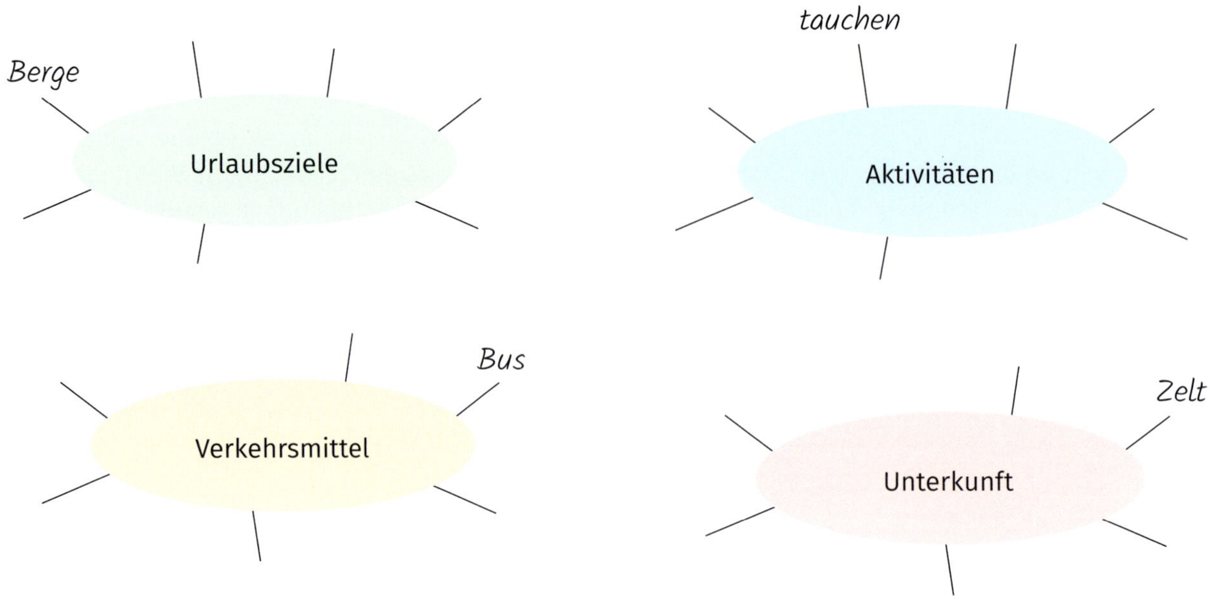

2 Adjektive im Dativ 2

a Ergänzen Sie die Tabelle.

	Nominativ	Dativ
maskulin	der freundliche Gast	…… Gast
	ein freundlicher Gast	…… Gast
feminin	die große Tasche	…… Tasche
	eine große Tasche	…… Tasche
neutral	das schöne Wetter	…… Wetter
	ein schönes Wetter	…… Wetter
Plural	die weißen Strände	…… Stränden
	weiße Strände	…… Stränden

b Lesen Sie den Text und ergänzen Sie die Artikel und Adjektive im Dativ.

Hotelbeschreibung HOTEL ELBBLICK

Unser Hotel steht direkt an …… …… (schön) und …… (breit) Fluss Elbe. Sie können von den …… (groß) Fenstern aus die Schiffe auf der Elbe beobachten. Außerdem sind Sie in zehn Minuten mit …… …… (modern) Straßenbahn in …… …… (traumhaft) Zentrum Dresdens.

Machen Sie einen Spaziergang zu …… …… (historisch) Altstadt mit …… …… (neu) Frauenkirche, …… …… (beeindruckend) Semperoper (f.)

oder .... (schön) Zwinger (m.). Nach .... (gemütlich) Spaziergang durch die Stadt können Sie mit .... (ganz) Familie in unserem .... (fein) Restaurant zu Abend essen.

Wenn Sie sich sportlich betätigen möchten, können Sie mit unseren .... (modern) Fahrrädern auf dem Elberadweg direkt vor unserem .... (schön) Hotel fahren.

3 Reiseangebote 2

a Welche dieser Begriffe haben etwas mit Essen („E“) zu tun, welche mit dem Wohnen („W“)?

W	Doppelzimmer	Ein Zimmer für 2 Personen.
....	Einzelzimmer	....
....	Halbpension	....
....	Übernachtung, Frühstück	....
....	Vollpension	....

b Schreiben Sie Erklärungen für die Begriffe in 3a wie im Beispiel. Wie viele Personen übernachten in den Zimmern? Wie viele Mahlzeiten bekommt man?

c Lesen Sie das Reiseangebot. Sind die Aussagen richtig oder falsch?

VERLÄNGERTES WELLNESSWOCHENENDE IN VORARLBERG

DZ/VP 399,– p. P.

Donnerstag bis Montag (andere Anreisetage auf Anfrage möglich)

Genießen Sie vier Übernachtungen im ***Staigerhof Wellness & Spa Hotel*** in Langenegg. Sie können die Seele baumeln lassen und werden kulinarisch verwöhnt.

Wir bieten Ihnen auf 400 m² abwechslungsreiche Wellnessbehandlungen, wie z. B. Ganzkörpermassage, Fußreflexzonenmassage, Peeling „Sommerfrische“.

Darüber hinaus können Sie gern an unserem täglich wechselnden Aktivprogramm teilnehmen (geführte Wanderungen, Nordic-Walking, Wassergymnastik, Rückenschule, autogenes Training).

Außerdem genießen Sie unser Superior-Frühstücksbuffet, einen vitalen Mittagssnack, ein verführerisches Kaffee- und Kuchenbuffet und ein saisonales 3-Gänge-Abendmenü. Zusätzlich erhalten Sie einen kuscheligen Bademantel sowie einen Obstkorb auf dem Zimmer und ein kleines Abschiedsgeschenk für Ihr Wellnessprogramm zu Hause.

		✓	✗
1	Sie müssen am Donnerstag anreisen.	☐	☐
2	Das Angebot kostet für jede Person 399 Euro.	☐	☐
3	Das Hotel hat einen großen Wellnessbereich.	☐	☐
4	Das Sportprogramm ist jeden Tag gleich.	☐	☐
5	Es gibt jeden Tag Kaffee und Kuchen.	☐	☐
6	Am Ende bekommen die Gäste ein Geschenk.	☐	☐

4 Urlaub im Hotel Elbblick 4

Sie möchten Urlaub in einem Hotel machen und haben noch ein paar Fragen.
Schreiben Sie eine E-Mail an das Hotel.

- Essen (Halbpension, Vollpension, vegetarische Gerichte ...)
- Angebote für Kinder (Spielplatz, Babybett ...)
- Ausstattung (Dusche, Badewanne, Fernseher, Internetzugang ...)
- Preis

An
Cc
Betreff

5 Eine Radreise 4

42 **a** Hören Sie die Werbung für eine Reise. Sind die Aussagen richtig oder falsch?

		✓	✗
1	Es ist eine Werbung für eine Radtour.	☐	☐
2	Das Angebot gilt für Einzelradtouren.	☐	☐
3	Die Unterkunft ist in der Reise inklusive.	☐	☐
4	Die Reise startet in Dresden.	☐	☐
5	In Prag kann man sich den Königspalast ansehen.	☐	☐
6	Am vierten Tag erreichen Sie Theresienstadt.	☐	☐
7	Das Ziel des sechsten Tages ist die deutsche Grenze.	☐	☐
8	In Dresden haben Sie nicht so viel Zeit zum Besichtigen.	☐	☐
9	Sie können acht Tage in Hotels und Gasthöfen übernachten.	☐	☐
10	Die Reise kostet 599 Euro pro Gruppe.	☐	☐

42 **b** Ergänzen Sie *weder ... noch/zwar ..., aber/sowohl ... als auch*. Hören Sie den Text noch einmal.

1 Die Agentur bietet .... Gruppenreisen, ... keine Einzelreisen.
2 Im Radurlaub sind .... Unterkunft .... Fahrrad und Verpflegung inklusive.
3 Auf der Radtour fahren Sie .... an der Elbe .... an der Moldau entlang.
4 Am dritten Tag haben Sie .... die deutsche Grenze .... Dresden erreicht.
5 Am letzten Tag können Sie .... Schloss Pillnitz .... die Frauenkirche in Dresden besichtigen.
6 Die Übernachtung ist .... in Hotels, ... nicht in Jugendherbergen möglich.
7 Die Ausflüge sind .... kostenfrei .... mit Rabatt buchbar.
8 .... die Gasthöfe .... die Hotels sind vorher ausgewählt.

6 Was ist gut und was nicht so gut? 4

Verbinden Sie die Sätze mit *weder ... noch/zwar ..., aber/sowohl ... als auch.*

1 Die Reise war nicht interessant. Sie war auch nicht günstig.
Die Reise war weder interessant noch günstig.

2 Hier kann man Ski fahren. Man kann sich hier auch erholen.

....

3 Das Hostel ist günstig. Das Hostel ist ungemütlich.

....

4 Das Essen war super. Das Wetter war super.

....

5 Die Reise kostet sehr viel. Das Angebot ist sehr groß.

....

6 Auf diese Insel kann man nicht mit dem Auto fahren. Mit dem Bus auch nicht.

....

7 Was braucht man zum Camping? 5

Was passt nicht?

1 Zelt – Schlafsack – Bett – Kissen
2 Campingplatz – Hotel – Natur – Taschenlampe
3 Koffer – Rucksack – Wanderschuhe – Taschenmesser
4 Lagerfeuer – Streichhölzer – Holz – Herd

8 Regeln im Hostel 6

Claudia und Gerhard machen eine Städtereise nach Berlin. Sie möchten Geld sparen und übernachten in einem Hostel. Beim Einchecken erklärt die Rezeptionistin ihnen die Hausordnung. Hören Sie den Text. Was ist erlaubt und was ist verboten? Notieren Sie. 43

erlaubt	verboten

9 Am Flughafen 7

Was machen Sie wo? Erklären Sie.

~~der Check-in-Schalter~~ | das Gate | die Gepäckausgabe | die Passkontrolle | die Sicherheitskontrolle | die Zollkontrolle

Am Check-in-Schalter zeige ich meinen Ausweis und meine Reisedokumente, gebe meinen Koffer ab und bekomme meine Bordkarte.

...

10 Genitiv 8

a Ergänzen Sie die Tabelle.

	Nominativ	Genitiv
maskulin	der Flugbegleiter ein Flugbegleiter	.... Flugbegleiter .... Flugbegleiter ....
feminin	die Pilotin eine Pilotin	.... Pilotin .... Pilotin
neutral	das Kind ein Kind	.... Kind .... Kind ....
Plural	die Passagiere	.... Passagiere

b Wessen Gepäck ist das? Schreiben Sie.

Amerikaner | Arzt | Familie | Geschäftsfrau | Kind

1 
2 
3 
4 
5 

1 *Das ist der Koffer des* ....

2 ....

3 ....

4 ....

5 ....

11 Durchsagen am Flughafen

Sie hören vier Durchsagen am Flughafen. Beantworten Sie die Fragen. 44

1 Wohin fliegt das Flugzeug? ....
Wohin sollen die Passagiere gehen? ....

2 Wie lautet die Flugnummer? ....
Was sollen die Passagiere bereithalten? ....

3 Wohin soll Herr Klaus Lange kommen? ....
Wohin will er fliegen? ....

4 Warum verschiebt sich der Abflug? ....
Um wie viele Minuten verschiebt sich der Abflug? ....

12 *Weil* und *wegen*

a Ergänzen Sie *weil* oder *wegen*.

1 Das Flugzeug kann nicht starten, ... der Nebel zu stark ist.
2 Die Fluggäste müssen .... des Pilotenstreiks mit dem Zug fahren.
3 .... der Passagier zu spät zum Flughafen kam, ist das Flugzeug ohne ihn gestartet.
4 Familie Meyer darf zuerst einsteigen, ... sie ein kleines Baby mit an Bord nimmt.
5 .... des abgesagten Fluges verpasst Herr Lehmann seine Besprechung in München.

b Schreiben Sie die Sätze mit *weil*.

1 Die Passagiere fahren wegen des Regens mit dem Bus zum Flugzeug. (regnen)
....

2 Das Kind kann wegen des Lärms im Flugzeug nicht schlafen. (laut sein)
....

3 Das Flugzeug kann wegen des Hagels nicht in Berlin landen. (hageln)
....

13 Schreiben Sie die Sätze mit *wegen* + Genitiv.

1 Heute starten keine Flugzeuge, weil die Piloten streiken.
....

2 Weil es schneit, muss das Flugzeug später starten.
....

3 Weil es ein technisches Problem gibt, verschiebt sich der Abflug des Flugzeugs.
....

Lernwortschatz

Ergänzen Sie die Artikel.

Reisen

.... Angebot
.... Reisekatalog
.... Hotelbeschreibung
.... Reise planen/buchen
.... Gepäck
.... Koffer
.... Rucksack

Kennen Sie die Abkürzungen?

Im Hotel

das Einzelzimmer (........)
das Doppelzimmer (........)
die Übernachtung mit Frühstück (........)
die Halbpension (........)
die Vollpension (........)
die Anreise
die Abreise

Auf dem Campingplatz

das Feuerzeug
das Lagerfeuer
die Streichhölzer
die Taschenlampe
das Taschenmesser
die Wanderschuhe
das Zelt

Am Flughafen

der Abflug
die Ankunft
der Ausweis
die Bordkarte
der Check-in-Schalter
der/die Flugbegleiter/-in
das Gate
das Gepäckband
der/die Passagier/-in
die Passkontrolle
der/die Pilot/-in
die Reisedokumente
die Sicherheitskontrolle
die Zollkontrolle
gestartet
gelandet
planmäßig
verspätet
annulliert

1 Mieten und wohnen [1]

a Ergänzen Sie die Artikel und bilden Sie Komposita. Hören Sie danach zur Kontrolle die Wörter und sprechen Sie nach. 45

1 *das* Fahrrad + *der* Keller = *der Fahrradkeller*

2 .... Keller + ... Tür = ...

3 .... Haus + ... Flur = ...

4 .... Brief + ... Kasten = ...

5 .... Haus + ... Tier = ...

b Finden Sie zehn Komposita und notieren Sie die Wörter mit dem Artikel.

1	Haus	a	Vertrag	1	*die Hausordnung*
2	Treppen	b	Geschoss	2	
3	Miet(e)	c	Meter	3	
4	Ruhe	d	Zeiten	4	
5	Fahrrad	e	Tonne	5	
6	Neben	f	Keller	6	
7	Monat	g	Kosten	7	
8	Quadrat	h	Miete	8	
9	Erd	i	Haus	9	
10	Müll	j	Ordnung	10	

c Ergänzen Sie die Sätze mit Wörtern aus Übung 1b.

1 Unsere Wohnung ist 65 .... groß, sie liegt im ....

2 Gestern haben wir den .... unterschrieben.

3 Die .... beträgt 600 Euro plus 200 Euro ....

4 In der .... steht, dass man die Fahrräder in den .... stellen muss.

5 Außerdem gibt es mittags und nachts nach 22 Uhr ....

6 Man darf im .... nicht rauchen.

7 Den Hausmüll muss man trennen. Die .... stehen im Hof.

2 Zusammenleben im Haus

Ergänzen Sie die Verben.

beachten | haben | halten | nehmen | verstoßen

1 Man sollte die Hausordnung ....

2 Man sollte sich an die Regeln .... und nicht gegen die Hausordnung ....

3 Man muss auf die anderen Mieter Rücksicht ....

4 Man muss für die anderen Mieter Verständnis ....

3 Hausordnung

Lesen Sie den Text. Entscheiden Sie, ob die Aussagen 1–4 richtig oder falsch sind.

HAUSORDNUNG

Lärm
Bitte achten Sie darauf, dass sich die anderen Mieter durch Lärm nicht gestört fühlen. Achten Sie auf die Mittags- und Nachtruhe. Zwischen 13.00 Uhr und 15.00 Uhr sowie zwischen 22.00 Uhr und 6.00 Uhr bitte Radios, Fernsehen, CD-Player und so weiter auf Zimmerlautstärke einstellen. Das Spielen von Instrumenten ist während der Mittagsruhe und zwischen 19.00 Uhr und 8.00 Uhr verboten.

Fahrzeuge
Es ist nicht erlaubt, Fahrzeuge auf dem Hof, den Gehwegen und den Grünflächen abzustellen. Fahrräder dürfen nur im Fahrradkeller und an den Fahrradständern im Hof abgestellt werden.

Sicherheit
Die Haustür, Kellereingänge und Hoftüren müssen von 22.00 bis 6.00 Uhr unbedingt geschlossen sein. Es ist verboten, auf den Balkonen mit Holzkohle zu grillen. Nach Absprache mit den Mitbewohnern kann im Hof gegrillt werden. Achten Sie aber darauf, dass niemand sich gestört fühlt, und beachten Sie auch hier die Nachtruhe.

	✓	✗
1 Nachts darf man keine Musik hören.	☐	☐
2 Am Nachmittag darf man Klavier spielen.	☐	☐
3 Fahrräder darf man nicht auf die Wiese stellen.	☐	☐
4 Grillen ist überall verboten.	☐	☐

4 Es ist wichtig ... 1

Schreiben Sie die Sätze mit dem Infinitiv mit *zu*.

1 Es ist wichtig, | den Müll trennen

2 Es ist wichtig, | die Hausordnung einhalten

3 Es ist nicht gestattet, | auf dem Balkon rauchen

4 Ich habe leider vergessen, | Treppe putzen

5 Ich bitte Sie, | die Musik leiser machen

6 Vergiss bitte nicht, | den Müll wegbringen

7 Wir bitten Sie, | uns morgen anrufen

8 Es ist nicht erlaubt, | nach 22 Uhr laute Musik hören

9 Es ist nicht erlaubt, | die Fahrräder im Hausflur abstellen

1 *Es ist wichtig, den Müll zu trennen.*
2 .... *einzuhalten.*
3 ....
4 ....
5 ....
6 ....
7 ....
8 ....
9 ....

5 Kleine Wörter 3

echt gut | nicht besonders | sehr gut | ~~sehr schlecht~~ | überhaupt nicht gut/gar nicht gut | ziemlich gut/ganz gut | wirklich gut

a Ordnen Sie.

☺	😕
	sehr schlecht

b Welches Wort passt? Unterstreichen Sie.

1 Die Wohnung gefällt mir *überhaupt nicht/ziemlich*. Sie ist dunkel, schmutzig und teuer.
2 Du bist wieder zu spät. Das ist *ganz/wirklich* ein Problem.
3 Ich habe es *nicht besonders/ganz* eilig. Ich habe Zeit.
4 Die Wohnung ist *ziemlich/nicht besonders* teuer. Die Miete ist zu hoch für uns.
5 Ich finde es *echt/ziemlich* super von dir, dass du mir hilfst. Vielen Dank.

6 Unsere Haustiere 4

Ergänzen Sie die Adjektive.

aktiv | hübsch | intelligent | interessant | lustig | sauber | treu

1 Ich liebe meinen Hund. Er wartet immer auf mich, wenn ich komme. Er ist sehr ....
2 Ich mag mein Meerschweinchen. Auch wenn es meistens nur frisst. Es ist nicht sehr ....
3 Es ist so schön, die Fische im Aquarium zu beobachten! Ich finde sie echt ....
4 Meine Katze ist sehr .... Sie kann alleine die Kühlschranktür aufmachen.
5 Unsere Katze ist wirklich .... Sie benutzt immer ihre Katzentoilette.
6 Wir haben als Haustier einen Papagei. Er sieht toll aus. Er ist besonders ....
7 Mit meinem Hund habe ich immer viel Spaß. Er ist ziemlich ....

7 Ich bin der Meinung, dass ... 5

a Wie stimmen Sie zu? Wie sagen Sie eine andere Meinung? Sortieren Sie.

Ich bin anderer Meinung. | Ich sehe das anders. | Das finde ich nicht. | Da stimme ich Ihnen zu. | Ich bin dagegen. | Ich sehe das auch so. | Da haben Sie völlig recht. | Ich bin mir nicht sicher. | Das finde ich auch. | Ich bin dafür.

zustimmen: ....

....

....

eine andere Meinung haben: ....

....

....

b Schreiben Sie Sätze.

1 Man soll den Müll trennen.
Ich bin der Meinung, dass *man den Müll trennen soll.*

2 Kinderwagen können im Hausflur stehen.
Ich bin der Meinung, dass ....

3 Rauchen im Treppenhaus sollte man verbieten.
Ich finde, dass ....

4 Nachts soll man nicht baden.
Ich bin nicht der Meinung, dass ....

5 Man soll auf seinem Balkon nicht grillen.
Ich bin der Meinung, dass ....

6 Fahrräder darf man nicht in den Hof stellen.
Ich finde es richtig, dass ....

c Schreiben Sie noch drei weitere eigene Sätze mit Ihrer Meinung zum Thema *Hausordnung*.

8 Sie hören Aussagen zu einem Thema. 5

46

Welcher der Sätze a–f passt zu den Aussagen 1–4?

1	a ☐	b ☐	c ☐	d ☐	e ☐	f ☒
2	a ☐	b ☐	c ☐	d ☐	e ☐	f ☐
3	a ☐	b ☐	c ☐	d ☐	e ☐	f ☐
4	a ☐	b ☐	c ☐	d ☐	e ☐	f ☐

a Man sollte bei Problemen im Haus nicht den Vermieter anrufen.

b Es gibt klare Regeln.

c Es gibt wichtigere Probleme als Kinderwagen im Hausflur.

d Bei uns im Haus gibt es ähnliche Probleme.

e Ich habe kein Problem, wenn Kinderwagen in den Hausflur gestellt werden.

f Ich ärgere mich sehr über Kinderwagen im Hausflur.

9 Rechte und Pflichten

Welches Wort passt? Schließen Sie die Lücken.

erhöhen | Gericht | Gesetze | informieren | instand zu halten | kündigen | Mietrecht | Pflicht | Schäden

1 Der Vermieter hat das Recht, die Miete zu .... Er muss aber die .... beachten.

2 Die Mieter haben die ...., die Miete pünktlich zu bezahlen.

3 Wenn Mieter die Miete nicht bezahlen, kann der Vermieter den Mietvertrag ....

4 Wenn der Vermieter eine Wohnung betreten muss, zum Beispiel wegen einer wichtigen Reparatur, muss er vorher den Mieter ....

5 Der Vermieter ist verpflichtet, die Wohnungen .... Er muss .... in der Wohnung reparieren und bezahlen.

6 Kleine Reparaturen muss der Mieter bezahlen. Wer was zahlen muss, entscheidet das ....

7 Wenn sich Mieter und Vermieter bei einem Konflikt nicht einigen können, geht die Sache vor ....

10 Mieterhöhung

Mühlheim, 07.05.20..

.....0..... geehrter Herr Krapfler,

am 4. Mai 20.. haben Sie mir schriftlich mitgeteilt, ...1..... Sie die Miete meiner Wohnung erhöhen wollen.
Ich möchte .....2..... mitteilen, dass ich der Mieterhöhung nicht zustimme. Ich bin mit der Mieterhöhung nicht .....3..... . Die Miete ist sowieso schon hoch und in meiner Wohnung wurde seit über zehn Jahren nichts mehr renoviert. Wie Sie .....4....., fällt die Heizung oft aus und der Stromverbrauch ist sehr hoch.
Deshalb lege ich gegen die Mieterhöhung fristgerecht .....5..... ein.

Mit .....6..... Grüßen

Frau Kowalska hat eine Mieterhöhung bekommen. Sie schreibt an den Vermieter. Lesen Sie den Text und schließen Sie die Lücken 40–45. Welche Lösung (a, b oder c) passt am besten?

Beispiel 0
- a ☐ Lieber
- b ☒ Sehr
- c ☐ Viel

1
- a ☐ dass
- b ☐ ob
- c ☐ weil

2
- a ☐ Sie
- b ☐ Ihnen
- c ☐ euch

3
- a ☐ dafür
- b ☐ dagegen
- c ☐ einverstanden

4
- a ☐ kennen
- b ☐ informieren
- c ☐ wissen

5
- a ☐ Anwalt
- b ☐ Gericht
- c ☐ Widerspruch

6
- a ☐ freundlich
- b ☐ freundliche
- c ☐ freundlichen

11 *Obwohl* oder *trotzdem*? 8

a Ergänzen Sie *obwohl* oder *trotzdem*.

1 Frau Schulz beschwert sich, ... die Mieter im Haus alle sehr nett sind.

2 Der Vermieter hat im Haus nie etwas repariert. .... hat er die Miete erhöht.

3 Die Wohnung ist nicht sehr hell. .... gefällt sie uns sehr gut.

4 Die Wohnung gefällt uns sehr gut, ... sie nicht sehr hell ist.

5 Es regnet. .... machen wir eine Fahrradtour.

6 Wir machen eine Fahrradtour, ... es regnet.

b Verbinden Sie die Sätze mit *obwohl*.

1 Die Heizung ist kaputt. Sie wurde erst letzten Monat repariert.

Die Heizung ist kaputt, obwohl sie erst letzten Monat repariert wurde.

2 Wir kaufen ein neues Auto. Wir haben wenig Geld.

....

3 Ich helfe Ihnen gern. Ich habe nicht viel Zeit.

....

4 Wir gehen noch nicht ins Bett. Wir müssen morgen früh aufstehen.

....

12 Eine Mitteilung an die Nachbarn

Schreiben Sie die Mitteilung an die Nachbarn richtig. Denken Sie an die Groß- und Kleinschreibung sowie die Satzzeichen (. ,).

liebenachbarnamnächstensamstagmöchteichmitfreundeninmeinerwohnungeinkleinesfestfeiern wenneszulautwirdklingelnsiebitteandertürdannmacheichdiemusiknatürlichleiservielendankfürihr verständnisihrnachbarausdemdrittenstock

Liebe Nachbarn,

....

....

....

....

Lernwortschatz

Schreiben Sie Beispielsätze.

Zusammenleben im Haus

die Hausordnung — *In der Hausordnung steht, was im Haus erlaubt/verboten ist.*
die Regel
sich an die Regel halten
gegen die Regel verstoßen
die Rücksicht
Rücksicht nehmen auf
das Verständnis
Verständnis haben für
erlaubt – verboten
sinnvoll
sinnlos
(un-)fair

sich ärgern über
sich aufregen über
sich beschweren über

Wie heißt das in Ihrer Sprache?

das Gesetz
der Konflikt
kündigen
die Kündigung
die Kündigungsfrist
die Mieterhöhung
das Mietrecht
der Widerspruch
Widerspruch einlegen
das Gericht
die Pflicht
das Recht

Zustimmen und ablehnen

ablehnen
anderer Meinung sein
dafür sein – dagegen sein
(nicht) einverstanden sein
recht haben
etwas anders/genauso sehen
zustimmen

Partikeln

echt
ganz
nicht besonders
total
überhaupt nicht/gar nicht
wirklich
ziemlich

1 Welche Verben passen? Kreuzen Sie an.

	verschwenden	trennen	verschmutzen	vermeiden	schützen	belasten	sparen
die Umwelt			X				
die Energie							
die Luft							
das Klima							
den Müll							

2 Der Umwelt-Blog

Lesen Sie die Blogbeiträge und die Sätze. Kreuzen Sie an: richtig oder falsch?

Der Umwelt-Blog – wie schütze ich die Umwelt?

Lisa
22 Jahre

Da denke ich vor allem an die Ernährung. Muss man eigentlich jeden Tag Fleisch essen? Um ein Kilo Rindfleisch herzustellen, braucht man unendlich viel Wasser, bis zu 20.000 Liter! Und weniger Fleisch bedeutet, dass weniger Tiere getötet werden. Wenn ich Fleisch esse, dann nur noch Biofleisch. Das ist teurer, aber ich weiß dann, dass es den Tieren gut ging.

Thomas
30 Jahre

Wichtig finde ich, dass man so viele Sachen wie möglich wiederverwendet. Darauf kommt es an. Aus Altpapier zum Beispiel kann man neues Papier machen. Aus Plastik kann man neue Produkte herstellen. Viele Leute finden, dass man es in Deutschland zu genau mit der Mülltrennung nimmt, aber der Meinung bin ich nicht. Ich achte immer darauf, recycelte Produkte zu kaufen.

Gabriele
20 Jahre

Energie sparen ist das Wichtigste. Stereoanlage, Fernseher, Computer usw. sind über Stand-by meistens eingeschaltet. Das ist bequem. Man sollte die Geräte aber ausschalten, wenn man sie nicht benutzt. Bei vielen Haushaltsgeräten kann man dann im Jahr ungefähr 60 € weniger für den Strom ausgeben. Und es ist auch gut für die Umwelt. Und vor allen Dingen sollte man daran denken, die Geräte auszuschalten, bevor man in den Urlaub fährt. Klar, bei einigen Geräten wie zum Beispiel beim Kühlschrank ist das schwierig. Aber bei neueren Kühlschränken gibt es eine Energiespartaste.

Holger
51 Jahre

Man soll alles tun, um die Autoabgase zu vermindern. Wenn man schon Auto fahren muss, dann bitte nur, wenn es nicht anders geht. Und sonst gibt es ja öffentliche Verkehrsmittel und das Fahrrad. Gut ist, dass immer mehr Leute heute Carsharing machen, man mietet sich ein Auto nur dann, wenn man es braucht. Ich mache das nur noch und habe jetzt sogar mein eigenes Auto verkauft.

		✓	✗
1	Lisa hat aufgehört, Fleisch zu essen.	☐	☐
2	Thomas findet die Mülltrennung sinnvoll.	☐	☐
3	Gabriele sagt, dass man durch Ausschalten der Haushaltsgeräte Geld sparen kann.	☐	☐
4	Holger fährt heute kein Auto mehr.	☐	☐

3 *Um ... zu* und *ohne ... zu* 1

a Verbinden Sie die Sätze mit *um ... zu*.

1 Wir heizen mit Solarenergie. Wir wollen die Umwelt schützen.
Wir heizen mit Solarenergie, um die Umwelt zu schützen.

2 Wir kaufen im Supermarkt keine Plastiktüten. Wir wollen Müll vermeiden.

3 Wir schalten unsere Geräte nicht auf Stand-by. Wir wollen Energie sparen.

4 Wir fahren Fahrrad. Wir wollen die Luft nicht verschmutzen.

5 Pjotr lernt Englisch. Er möchte bessere Chancen auf dem Arbeitsmarkt haben.

6 Abends geht er ins Fitnessstudio. Er will gesund bleiben.

7 Am Samstag geht er auf den Markt. Er möchte frische Lebensmittel einkaufen.

b Verbinden Sie die Sätze mit *ohne ... zu*.

1 Sonnenenergie liefert viel Strom. Sie belastet auch nicht die Umwelt.
Sonnenenergie liefert viel Strom, ohne die Umwelt zu belasten.

2 Die Schüler haben ein Thema vorbereitet. Sie haben ihren Lehrer nicht gefragt.

3 Fahrradfahren ist günstig. Es verschmutzt nicht die Luft.

4 Ich möchte abnehmen. Ich möchte aber meine Gesundheit nicht schädigen.

c Und Sie? Was machen Sie? Schreiben Sie Sätze mit *um ... zu .../ohne ... zu*.

4 Radfahren oder Autofahren? 1

Sie hören Aussagen zu einem Thema. Welcher der Sätze a–f passt zu den Aussagen 1–3? 47

Beispiel	a ☐	b ☒	c ☐	d ☐	e ☐	f ☐
1	a ☐	b ☐	c ☐	d ☐	e ☐	f ☐
2	a ☐	b ☐	c ☐	d ☐	e ☐	f ☐
3	a ☐	b ☐	c ☐	d ☐	e ☐	f ☐

a Radfahren muss sicherer werden.
~~b~~ Ich bin nicht sehr optimistisch, dass sich beim Autofahren viel ändert.
c Autofahrer und Radfahrer nehmen immer aufeinander Rücksicht.
d Die öffentlichen Verkehrsmittel kosten zu viel Geld.
e Autofreie Tage wären eine Lösung.
f Die Politik sollte Elektroautos fördern.

5 Ein Projekt zum Thema Umweltschutz 2

a Verbinden Sie die Sätze mit *anstatt … zu*.

1 Die Schüler besuchen das Energiesparhaus. Sie bleiben nicht in der Schule.
2 Sie sammeln Müll im Stadtpark. Sie lassen ihn nicht auf der Wiese.
3 Sie sehen einen Film in der Schule. Sie schauen ihn sich nicht zu Hause an.
4 Sie fahren mit den Rädern in den Stadtpark. Sie gehen nicht zu Fuß.

1 *Die Schüler besuchen das Energiesparhaus, anstatt in der Schule zu bleiben.*
2 ……
3 ……
4 ……

b Beginnen Sie die Sätze mit *anstatt … zu*.

1 *Anstatt in der Schule zu bleiben, besuchen die Schüler das Energiesparhaus.*
2 ……
3 ……
4 ……

6 *Um … zu, ohne … zu, anstatt … zu* 2

Ergänzen Sie. Was passt am besten?

1 Die Schüler machen eine Projektwoche, …… mehr über das Thema Luft und Klima …… lernen.
2 Im Naturschutzgebiet beobachten sie wilde Tiere, …… sie …… füttern.
3 Herr Schneider hält einen Vortrag über den Klimawandel, …… zur Arbeit …… gehen.
4 Die Schüler gehen auch ins Kino, …… etwas über Naturkatastrophen …… erfahren.

7 Vorschlag und Gegenvorschlag

Schreiben Sie Minidialoge wie im Beispiel.

1 einen Film sehen?/lieber ins Schwimmbad gehen

▶ *Wir könnten einen Film sehen. Was denkst du?*

▷ *Ich würde lieber ins Schwimmbad gehen, anstatt einen Film zu sehen.*

2 Fahrrad fahren?/lieber fernsehen

▶ ?

▷ .

3 ins Kino gehen?/lieber in den Zoo gehen

▶ ?

▷ .

4 einen Ausflug machen?/lieber zu Hause bleiben

▶ ?

▷ .

5 Pizza essen gehen?/lieber zu Hause kochen

▶ ?

▷ .

8 Materialien

Aus welchem Material sind die Sachen? Schreiben Sie Fragen und Antworten.

Holz | Glas | Metall | Papier/Pappe | Plastik/Kunststoff

1 *Woraus ist der Tisch gemacht?*
Der Tisch ist aus Holz.

2 *Aus welchem Material ist die Flasche?*

3 die Konservendose?

4 der Kochtopf?

5 der Stuhl?

6 die Vase?

7 der Umzugskarton?

8 das Messer?

9 Wohin kommt der Müll? 4

a Ergänzen Sie die Wörter.

1 Ein anderes Wort für Müll: der A b _ _ _ _ .

2 Zeitungen kommen in die Papiertonne, Lebensmittelreste in die B i o _ _ _ _ _ .

3 Ein anderes Wort für wiederverwerten: _ _ c y _ _ _ _ .

4 Was man nicht wiederverwerten kann, ist der R _ _ _ m _ _ _ .

5 Der Müll wird jede Woche von der … abgeholt. M _ _ _ a b _ _ _ _

6 Batterien und Chemikalien gehören zum S o n _ _ _ _ _ _ _ .

7 Man muss sie zu speziellen … bringen. _ _ _ _ _ _ s t e l l e n

8 Große Gegenstände, wie Tische und Stühle, kommen nicht in die Mülltonnen. Diesen Müll nennt man S _ _ _ _ m ü l l.

b Wie geht man in Ihrem Heimatland mit Müll um? Wird Müll getrennt? Was wird mit dem Müll gemacht? Wird der Müll recycelt/verbrannt …? Schreiben Sie.

....

....

10 Satzverbindungen 4

a Was passt? Ergänzen Sie *weil/da, obwohl, trotzdem, dass, denn, wenn, daher/deshalb.*

1 .... Joghurtbecher aus Plastik sind, kommen sie nicht in die Papiertonne.

2 Abfälle von Lebensmitteln kommen nicht in den Restmüll, ... sie sind Naturprodukte. .... kommen sie in die Biotonne.

3 .... man Sondermüll hat, muss man ihn zu Sammelstellen bringen.

4 .... dieser Müll giftig ist, darf man ihn nicht in den Mülltonnen entsorgen.

5 Die Tonne für Altpapier ist voll, ... der Papiermüll jede Woche geleert wird.

6 Man soll alte Zeitungen nicht in den Restmüll werfen. .... machen das manche Leute.

7 Wir hoffen, ... bald eine weitere Tonne für das Altpapier bestellt wird.

b Schreiben Sie die Sätze weiter.

1 Pizzaschachteln sind aus Pappe. Aus diesem Grund ....

2 Eine alte Matratze ist zu groß für die Mülltonne. Daher ....

3 Leere Batterien sind giftig. Darum ....

4 Windeln kann man nicht recyceln. Deswegen ....

11 Werden 5

a Ergänzen Sie die Tabelle.

	werden
ich	
du	*wirst*
er/sie/es	
wir	
ihr	
sie/Sie	

b Ab morgen wird alles anders. Schreiben Sie Sätze mit *werden*.

1 Das Kind geht früher ins Bett. *Das Kind wird früher ins Bett gehen.*
2 Sie steht immer früh auf. ......
3 Du kommst nie mehr zu spät zur Arbeit. ......
4 Er ist freundlicher zu seinem Chef. ......
5 Die Chefs zahlen allen mehr Gehalt. ......
6 Wir sehen weniger fern. ......
7 Ihr trefft euch öfter mit euren Freunden. ......

c Lesen Sie den Plan und schreiben Sie Sätze mit *werden* + Infinitiv.

Morgen werden wir ein Museum besuchen.
......
......
......
......

Museum besuchen

10.15 Uhr	am Bahnhof treffen
10.30 Uhr	mit Bus 41 zu Museum fahren
11.00–13.00 Uhr	Museum besuchen
13.00–14.00 Uhr	zu Mittag essen

12 Wetter 6

a Wie ist das Wetter? Ergänzen Sie.

1 die Sonne – Es ist sonnig. Die Sonne *scheint.*
2 der Wind – Es ist ....
3 der Regen – Es ist ....
4 die Wolke – Es ist be...... .
5 der Schnee – Es ....
6 das ...... – Es blitzt und es donnert.
7 das Un...... – Es ist sehr schlechtes Wetter.
8 die Hitze – Es ist ....
9 die Kälte – Es ist ....

b Und wie wird das Wetter? Ergänzen Sie.

1 *Morgen wird die Sonne scheinen.*
2 *Übermorgen* ......
3 *In der Nacht* ......
4 *Am Freitag* ......
5 *Am Wochenende* ......
6 *Nächste Woche* ......
7 *Im November* ......
8 *Im August* ......
9 *Im Januar* ......

c Ergänzen Sie die Sätze. Setzen Sie die Verben in die richtige Form.

Gewitter | heiß | kühl | regnen | scheinen | Schnee | schneien | trüb | Wetterbericht | Wind

1 Heute .... wieder die Sonne. Es wird sehr ...., über 30 Grad.
2 Und typisch für den Sommer sind auch die ...., Blitz, Donner, Regen und viel ....
3 Der Sommer ist vorbei. Es ist abends schon etwas ...., nicht mehr so warm.
4 Ich mag den November nicht, es gibt wenig Licht, den ganzen Tag ist es dunkel und ....
5 Im Herbst sind die Straßen oft nass. Es .... viel.
6 Im letzten Winter gab es wenig .... Im .... habe ich gehört, dass es diesen Winter mehr .... wird.

d Wie wird das Wetter? Hören Sie die Wettervorhersagen und kreuzen Sie an. 48

1 Wie wird das Wetter am Sonntag?
- a ☐ Es wird nicht regnen.
- b ☐ Es wird sehr kalt.
- c ☐ Es wird sonnig.

2 Wie wird das Wetter in Norddeutschland?
- a ☐ Es wird sonnig.
- b ☐ Es gibt Unwetter.
- c ☐ Es wird wärmer.

13 Ihre Zukunftspläne 8

Was werden Sie (anders) machen? Schreiben Sie. Verwenden Sie auch die Wörter im Schüttelkasten.

(ganz) bestimmt (nicht) | voraussichtlich | wahrscheinlich | hoffentlich (nicht) | vielleicht.

Ich werde ab morgen ....

Nächste Woche werde ich ....

Nächsten Monat werde ich ....

Im Sommer/Winter werde ich ....

Nächstes Jahr werde ich ....

In zehn Jahren werde ich ....

Lernwortschatz

Umweltschutz und Müll

der Abfall
das Altpapier
die Biotonne
die Energie
das Klima
der Klimawandel
die Luft
der Müll
die Müllabfuhr
der Restmüll
der Sondermüll
der Sperrmüll
die Umwelt
der Umweltschutz
die Zukunft

Was ist aus Aluminium/Glas ...? Schreiben Sie Beispielsätze.

Materialien

das Aluminium — *Dosen sind aus Aluminium.*
das Glas
der Kunststoff
das Metall
das Papier
die Pappe
das Plastik
gefährlich
giftig
schädlich
bio... (=biologisch)
umweltfreundlich

Wie heißt das in Ihrer Sprache? Übersetzen Sie.

Verben

beobachten
einen Vortrag halten
recyceln
sammeln
schützen
sparen
sparsam mit etwas umgehen
trennen
vermeiden
verschmutzen
verschwenden
wegwerfen
werden
wiederverwerten

1 Kleidung, Lebensmittel, Möbel ... 1

a Finden Sie Beispiele für die Oberbegriffe.

Kleidung	Kosmetik	Lebensmittel	Möbel	Schuhe
die Hose				

b Hören Sie das Interview. Wo kauft Jonas was ein? Ergänzen Sie. 49

1 Internet

2 Supermarkt

3 Kaufhaus

4 Fachgeschäft

5 Flohmarkt

c Hören Sie noch einmal. Welche Vorteile nennt Jonas zu den verschiedenen Einkaufsmöglichkeiten? 49

1 Internet

2 Supermarkt

3 Kaufhaus

4 Fachgeschäft

5 Flohmarkt
Er kann dort seltene Dinge finden.

d Wo kaufen Sie was ein? Schreiben Sie.

2 Was bedeutet *Portokosten?* 1

a Welcher Satz passt zu welchem Wort? Ordnen Sie zu. Ergänzen Sie dann die Artikel zu den Wörtern.

1	.... Beratung	a	In diesem Geschäft können Sie von 8 bis 19 Uhr einkaufen.
2	.... Bezahlung	b	Wenn Sie Fragen haben, helfen Ihnen die Verkäufer.
3	.... Datenschutz	c	Das Geld für die Zusendung der Ware.
4	.... Öffnungszeiten (Pl.)	d	Alles um uns herum, zum Beispiel die Natur.
5	.... Parkgebühren (Pl.)	e	Es gibt gute und schlechte ...
6	.... Portokosten (Pl.)	f	Fachgeschäfte bieten meistens einen besseren ...
7	.... Qualität	g	Möchten Sie, dass alle Geschäfte Ihre Telefonnummer haben?
8	.... Service	h	Auf dem Flohmarkt können Sie nicht mit Kreditkarte zahlen.
9	.... Umwelt	i	Eine Stunde kostet 2 €.

b Erklären Sie. Schreiben Sie Sätze.

die Auswahl – ....

der Preis – ....

3 Was halten Sie von Onlineshopping? 1

Schreiben Sie einen Text in Ihr Heft. Beantworten Sie dabei die folgenden Fragen.

Bestellen Sie im Internet? Was bestellen Sie online? Wie oft bestellen Sie im Internet?
Wann bestellen Sie online? Welche Vorteile und Nachteile haben Onlinebestellungen?

....

....

4 *Wenn* und *falls* 2

a Ordnen Sie die Sätze.

1 wenn | nicht | der Pullover | passt | man | ihn | kostenlos | zurückschicken | kann
Wenn der Pullover nicht passt, kann man ihn kostenlos zurückschicken.

2 Sie | wenn | nicht | den Schal | mögen | können | ihn | Sie | uns | zurückschicken
....

3 man | im Internet | wenn | bestellt | bezahlen | man | oft | Versandkosten | muss
....

4 die Schuhe | ihr | nicht | gefallen | wenn | sie | andere Schuhe | bestellt
....

5 wenn | etwas | bestellt | online | er | er | das | macht | am Wochenende
....

b Schreiben Sie die Sätze aus Aufgabe 4a mit *falls* wie im Beispiel. Schreiben Sie in Ihr Heft.

1 *Falls der Pullover nicht passt, kann man ihn kostenlos zurückschicken.*

Man kann den Pullover kostenlos zurückschicken, falls er nicht passt.

c Beenden Sie die Sätze.

1 Wenn ich online bestelle, ...

2 Wenn ich neue Schuhe brauche, ...

3 Wenn mir die Hose zu klein ist, ...

4 Wenn ich Lebensmittel brauche, ...

5 Wenn mir der Artikel nicht gefällt, ...

6 Wenn ich keine Zeit habe, ...

7 Wenn ich Urlaub habe, ...

5 Dativ- und Akkusativergänzung 3

a Markieren Sie in den Sätzen das Subjekt (wer?), das Verb, die Dativergänzung (wem?) und die Akkusativergänzung (was?).

1	Die Mutter	zeigt	ihrem Kind	das neue Buch.	
	Subjekt	*Verb*			
2	Der Vater	kauft	dem Mädchen	eine bunte Uhr.	
3	Die Großeltern	wollen	ihren Enkeln	einen Gutschein	schenken.
4		Erklär	deiner Freundin	die deutsche Grammatik!	
5	Wir	bestellen	unserem Sohn	eine tolle DVD	im Internet.

b Können diese Verben eine Dativergänzung haben?

1	zeigen	ja ☒	nein ☐	6	abbiegen	ja ☐	nein ☐
2	kaufen	ja ☐	nein ☐	7	leihen	ja ☐	nein ☐
3	erklären	ja ☐	nein ☐	8	heißen	ja ☐	nein ☐
4	haben	ja ☐	nein ☐	9	schenken	ja ☐	nein ☐
5	geben	ja ☐	nein ☐	10	sagen	ja ☐	nein ☐

c Ordnen Sie die Sätze und schreiben Sie. Achten Sie auf die korrekten Formen.

1 leihen | mein guter Freund | ich | mein Lieblingsbuch

2 seine Kundin | bringen | der Verkäufer | ein roter Rock

3 ein Kuss | die Ehefrau | geben | ihr Ehemann

4 zeigen | der richtige Schulweg | der Lehrer | seine Schüler

5 ein Strauß Blumen | schenken | die Enkelkinder | ihre Großeltern

d Schreiben Sie die Sätze zu Ende.

1 Ich schenke ...

2 Die Eltern erklären ...

3 Wir bestellen ...

4 Bring ...

5 Zeig ...

6 Personalpronomen 3

a Wer gibt wem was? Ergänzen Sie die Personalpronomen.

Wer? Nominativ		Wem?	Dativ	Was?	Akkusativ
der Mann	→ *er*	dem Mann	→ ...	den Schal	→ ...
die Frau	→ ...	der Frau	→ *ihr*	die Tasche	→ ...
das Kind	→ ...	dem Kind	→ ...	das Buch	→ *es*
die Eltern	→ ...	den Eltern	→ ...	die Blumen	→ ...

b Schreiben Sie die Sätze kurz. Achten Sie auf die Reihenfolge der Ergänzungen.

1 Frau Müller erklärt dem Verkäufer ihr Problem. *Sie erklärt es ihm.*

2 Der Mann schenkt seiner Frau einen Pullover. ...

3 Die Mutter bestellt ihrem Sohn eine teure Uhr. ...

4 Das Mädchen gibt ihren Eltern ein buntes Bild. ...

5 Herr Huber leiht seiner Kollegin einen Stift. ...

6 Die Verkäufer bringen den Kunden die Kleidung. ...

7 Die Großmutter zeigt ihrem Mann schöne Blumen. ...

7 Beratung und Einkauf 1-7

a Lesen Sie den Text. Sind die Aussagen richtig oder falsch? Kreuzen Sie an.

Sich im Geschäft beraten lassen und online kaufen

Viele Kunden vergleichen Preise und suchen nach dem günstigsten Angebot. Das wird meistens im Internet geboten. Also warum nicht im Geschäft „nur mal schauen“ und dann online bestellen?

Immer mehr Geschäfte bemängeln, dass sich die Kunden im Zeitalter der Smartphones in ihrem Geschäft ausführlich beraten lassen, aber die Produkte dann doch nicht kaufen. Sie vermuten, dass anschließend zu Hause im Internet das günstigste Produkt gesucht und bestellt wird. Oder die Kunden scannen mit ihrem Smartphone direkt im Laden den Barcode und bestellen dann das Produkt beim günstigsten Onlinehändler. In der Fachsprache wird von „Beratungsklau“ gesprochen.

Bei Umfragen haben über 70 % der Befragten zugegeben, dass sie dies schon einmal gemacht haben, denn im Geschäft wird die beste Beratung geboten und im Internet der beste Preis. Was sollte also dagegen sprechen?

Vor allem wird der „Beratungsklau“ in den Bereichen Technik, Elektronik, Sportartikel und Parfüm beobachtet. In den Bereichen Kleidung und Schuhe schlagen die Kunden jedoch weiterhin direkt im Geschäft zu. Hauptsächlich betroffen fühlen sich kleine Einzelhändler, die um jeden Kunden kämpfen müssen. Sie werden bestraft, wenn Kunden sich nur beraten lassen, aber nichts kaufen.

		✓	✗
1	Den günstigsten Preis findet man oft im Internet.	☐	☐
2	Kunden kaufen die Produkte nach einer Beratung im Geschäft.	☐	☐
3	Smartphones dienen dem sofortigen Preisvergleich im Laden.	☐	☐
4	Mehr als zwei Drittel haben schon einmal eine Beratung geklaut.	☐	☐
5	Die meisten Kunden kaufen ihre Kleidung online.	☐	☐
6	Die größten Probleme mit dem „Beratungsklau“ haben große Firmen.	☐	☐

b Lesen Sie den Text noch einmal und unterstreichen Sie die Passiv-Konstruktionen.

c Schreiben Sie die Sätze im Passiv.

1 Der Paketbote bringt das Paket. *Das Paket wird gebracht.*

2 Die Frau bestellt die Schuhe. ……………

3 Das Mädchen kauft das neue Buch. ……………

4 Ein junger Mann liefert das Päckchen. ……………

5 Das Paar bucht die Reise. ……………

6 Herr Altmann bezahlt die Rechnung. ……………

7 Die Großmutter verschenkt einen Gutschein. ……………

8 Zusammengesetzte Adjektive 6

a Welches Nomen gehört zu welchem Adjektiv? Verbinden Sie und bilden Sie Adjektive.

1	die Atmung	a	sicher	*stoßsicher*
2	der Finger	b	fest	
3	das Haus	c	durchlässig	
4	die Luft	d	dicht	
5	der Schadstoff	e	freundlich	
6	der Stoß	f	aktiv	
7	die Umwelt	g	abweisend	
8	das Wasser	h	hoch	
9	das Wetter	i	breit	
10	der Wind	j	frei	

b Schreiben Sie Sätze mit fünf Adjektiven aus Aufgabe 8a in Ihr Heft.

Beim Sport trage ich immer atmungsaktive Kleidung.

9 Füllen Sie die Lücken aus. 7

1. Das Parfüm *kann* (können) erst wieder in 14 Tagen *geliefert* *werden* (liefern).
2. Die Schuhe .... (sollen) ohne Socken .... (tragen).
3. .... (sollen) der Kalender .... (verschenken)?
4. Ihr Paket .... (können) in drei Tagen .... (liefern).
5. Das Formular .... (müssen) vollständig .... (ausfüllen).
6. .... (sollen) die Blumen mit einem Expressversand .... (versenden)?
7. Der Pullover .... (können) leider nur telefonisch .... (bestellen).

10 Bezahlung im Internet 8

a Wie kann man im Internet bestellen? Ordnen Sie die Erklärungen zu.

1	die Kreditkarte	a	Die Rechnungssumme wird automatisch vom Konto abgebucht.
2	der Bankeinzug	b	Die Rechnungssumme wird sofort online überwiesen.
3	die Nachnahme	c	Mit dieser Karte kann man auch im Ausland problemlos bezahlen.
4	die Rechnung	d	Der Käufer muss das Geld erst überweisen, bevor er das Produkt bekommt.
5	die Sofortüberweisung	e	Der Empfänger bezahlt die Ware direkt an den Postboten.
6	die Vorkasse	f	Dieses Dokument enthält Angaben, wohin der Käufer wie viel Geld überweisen muss.

b Wie müssen/können/sollen die Dinge bezahlt werden? Schreiben Sie Sätze.

1 die Schuhe | müssen | per Nachnahme | bezahlen
Die Schuhe müssen per Nachnahme bezahlt werden.

2 das Parfum | können | auf Rechnung | bezahlen

3 der Pullover | müssen | per Vorkasse | bezahlen

4 das Fachbuch | sollen | per Nachnahme | bezahlen

11 Rücksendung 9

a Hören Sie den Dialog und beantworten Sie die Fragen. 50

1 Wo hat die Frau etwas bestellt?
2 Wohin will sie das neue Kissen legen?
3 Warum gefällt dem Mann die Vase nicht?
4 Was soll in den Bilderrahmen?
5 Wie findet der Mann die Handtücher?
6 Wie hat die Frau die Artikel bezahlt?

b Füllen Sie den Retourenschein aus.

Meine Dekoration **RETOURENSCHEIN**

Kundennummer 65219081
Auftragsnummer 7431AG441
Bestellung vom 10.12.20..

Artikelnummer	Bezeichnung	Menge	Preis	Retourengrund
7942118	Kissen Blumen	1	9,99 €	☐
7943550	Kissen Vögel	1	14,99 €	☐
8853012	Kerzenhalter antik	1	8,95 €	☐
6321009	Bilderrahmen grau	1	19,99 €	☐
7730812	Handtuchset weiß	1	34,95 €	☐
4390641	Schüssel groß grün	1	8,95 €	☐
9075322	Vase groß rot	1	12,95 €	☐

Retourengründe:

31	falscher Artikel bestellt	61	Artikel gefällt nicht
32	falscher Artikel geliefert	62	Artikel ist beschädigt
33	Artikel zu spät geliefert	63	Artikel anders als auf Abbildung
41	Artikel zur Auswahl bestellt	91	sonstiger Grund

Bitte tragen Sie die passende Zahl in das Feld Retourengrund ein.

Lernwortschatz

Etwas im Internet bestellen

einloggen — *Ich logge mich ein. Dann kann ich online einkaufen.*
der Benutzername
die Bestellung
die Lieferung
der Online-Account
das Paket
das Passwort
die Registrierung
die Retoure
der Retourenschein
der Versand
die Versandkosten

Etwas im Internet bezahlen

der Bankeinzug
...... Kreditkarte
...... Nachnahme
...... Rechnung
...... Sofortüberweisung
...... Vorkasse

Ergänzen Sie die Artikel.

Verben mit Dativ- und Akkusativergänzung

bestellen — *Ich bestelle meiner Nichte ein Paar Schuhe im Internet.*
bringen
erklären
geben
kaufen
leihen
schenken
zeigen

Wie heißen die Adjektive in Ihrer Sprache? Übersetzen Sie.

Adjektive

atmungsaktiv
fingerbreit
haushoch
luftdurchlässig
schadstofffrei
stoßsicher
umweltfreundlich
wasserdicht
wetterfest
windabweisend

1 Buchstabensalat 1

a Sortieren Sie die Wörter und ergänzen Sie die Artikel.

Sderen	ielmlfiSp	takuDomtionen
der Sender	S	D
tenchNarich	Kmiri	opfenSeier
N	K	S
geRetapor	überortgungtraSp	derungKinsend
R	S	K
dmöKoie	dungssWisenens	izQuowsh
K	W	Q
trifichenZeicklm	lkTaowsh	ngduSen
Z	T	S

b Welche der Sendungen aus Aufgabe 1a mögen Sie? Welche mögen Sie nicht? Markieren Sie die Sendungen mit 🙂 oder 😐.

2 Fernsehgewohnheiten 2

a Schreiben Sie Fragen und beantworten Sie sie.

1 oft | sehen | Wie | fern | Sie?
Wie oft sehen Sie fern? – Ich sehe fast jeden Abend fern.

2 sehen | Sie | am | fern | Wann | Wochenende?

3 gern | Wo | fern | Sie | sehen?

4 Fernseher | Wohnung | Wie | Sie | in | viele | Ihrer | haben?

5 Sie | liebsten | Sendungen | sehen | Welche | am?

6 nicht | Was | Sie | gern | so | schauen?

7 essen | Fernsehen | Was | und | beim | trinken | Sie?

51

b Hören Sie die Aussagen von Kornelia, Mia und Leo. Sind die Aussagen richtig oder falsch?

	✓	✗
Kornelia		
1 Sie sieht zwar fern, aber momentan nur selten.	☐	☐
2 Sie mag sowohl Dokumentationen als auch Krimis.	☐	☐
3 Sie isst im Kino nicht nur etwas, sondern trinkt auch etwas.	☐	☐
Mia		
4 Sie schaut sowohl in der Woche als auch am Wochenende fern.	☐	☐
5 Sie sieht sich zwar Soaps, aber keine Horrorfilme an.	☐	☐
6 Es ist wichtig, dass die Sendungen nicht nur gut, sondern auch spannend sind.	☐	☐
Leo		
7 Er hat nicht nur einen Fernseher, sondern drei.	☐	☐
8 Er sieht entweder im Wohnzimmer oder in der Küche fern.	☐	☐
9 Seine Frau trinkt zwar gern Bier, aber keinen Wein.	☐	☐

c Beenden Sie die Sätze. Benutzen Sie die Konjunktionen aus dem Kasten.

1 Ich schaue ....

2 Ich liebe ....

3 Ich esse beim Fernsehen ....

4 Ich mag ....

5 Am Wochenende gehe ich ....

> entweder ... oder ...
> nicht nur ..., sondern auch ...
> sowohl ... als auch ...
> weder ... noch ...
> zwar ..., aber ...

3 Fernsehprogramm 3

a Welche Sendung ist was? Ergänzen Sie das Fernsehprogramm.

> Doku (2x) | Horrorfilm | Komödie | Krimiserie | Quizshow | Ratgeber | Reportage | Soap | Talkshow

19.20 WISSEN

.... Worauf müssen Sie bei der Urlaubsbuchung im Internet achten?

20.15 Soko Salzburg

.... Wie ist der Tote mitten in den Wald gekommen? Das Team der Soko tappt im Dunkeln.

21.45 Klemm

.... Martin Klemm und seine Gäste sprechen über das Thema: „Altersvorsorge. Reicht die gesetzliche Rentenversicherung?“

19.40 Geliebtes Leben!

.... Claudio ist verzweifelt auf der Suche nach seiner Mutter. Wird er sie im großen Berlin finden? Und liebt sie ihn?

20.15 Kennen Sie sich aus?

.... Jürgen Dietl testet das Wissen seiner prominenten Kandidaten.

22.15 Ich teste alles!

.... Wie kompliziert ist die Benutzung öffentlicher Verkehrsmittel für Rollstuhlfahrer wirklich?

18.30 Abenteuer Grönland

.... Zwei Schweizerinnen wandern nach Grönland aus. Wir haben sie begleitet.

20.15 Glück im Unglück

.... Walter tritt von einem Fettnäpfchen ins andere. Sehr lustig!

21.45 Der gläserne Mensch

.... Was das Internet alles über uns weiß und wie wir uns schützen sollten.

22.45 Die Nacht ohne Ende

.... Wenn es dunkel wird, kommen die Bestien in die Stadt. Zum Fürchten!

b Sie möchten fernsehen und lesen das Fernsehprogramm. Welche Sendung passt?

		Sendung
1	Sie wollen einen lustigen Film sehen.	
2	Sie suchen einen Film, bei dem Sie sich fürchten können.	
3	Sie wollen Informationen über die Sicherheit im Internet haben.	
4	Sie testen gern Ihr eigenes Wissen.	
5	Sie interessieren sich für das Leben in nordischen Ländern.	
6	Sie wollen eine Reise im Internet buchen.	

4 Fernsehen – warum? 4

a Warum schaut man bestimmte Sendungen? Ordnen Sie zu.

1	Soap	a	damit man verschiedene Meinungen hört
2	deutscher Spielfilm	b	um mitzuraten
3	Talkshow	c	damit man abschalten kann
4	Horrorfilm	d	damit man lachen kann
5	Quizshow	e	um sich zu gruseln
6	Komödie	f	um Spannung zu erleben
7	Actionfilm	g	um sich zu informieren
8	Nachrichten	h	um Deutsch zu lernen

b Schreiben Sie Sätze.

1 *Einige Leute schauen Soaps, damit sie abschalten können.*

2 *Viele Deutschlernende sehen deutsche Spielfilme,*

3

4

5

6

7

8

c Und warum sehen Sie fern? Benutzen Sie *damit* und *um ... zu*.

Ich sehe fern, damit

5 Sport 6

a Welche Sportarten finden Sie? Notieren Sie.

S	Z	A	U	T	O	R	E	N	N	E	N	U	N	V	O	L	L	E	Y	B	A	L	L
C	N	H	J	L	B	X	S	N	M	L	I	R	E	I	T	E	N	I	K	R	T	A	S
H	F	B	A	S	K	E	T	B	A	L	L	A	H	H	A	J	K	S	S	E	Q	X	V
W	B	O	G	D	G	K	O	Y	C	B	N	D	H	L	N	E	T	K	E	H	L	A	Q
I	K	X	G	H	Z	G	E	K	L	A	W	R	W	E	Z	N	M	U	G	T	E	S	E
M	L	E	I	S	H	O	C	K	E	Y	G	E	G	K	E	H	A	N	D	B	A	L	L
M	R	N	W	Q	T	L	J	L	V	X	A	N	B	N	N	N	M	S	E	G	E	L	N
E	Q	E	T	Z	U	F	E	C	H	T	E	N	J	L	W	Q	C	T	E	N	N	I	S
N	Z	L	E	I	C	H	T	A	T	H	L	E	T	I	K	V	B	L	T	E	W	H	U
H	P	R	K	I	Y	C	B	D	G	N	H	N	J	F	U	ß	B	A	L	L	I	G	D
W	A	S	S	E	R	B	A	L	L	F	K	L	A	W	Y	V	F	U	W	E	K	L	I
S	Z	A	Y	E	R	T	M	F	D	U	K	I	I	S	F	T	E	F	O	U	N	P	Q

b Sportübertragungen im Fernsehen sind in Deutschland beliebt. Doch wie viele Deutsche treiben auch Sport? Lesen Sie den Text und ergänzen Sie die Statistik.

Knapp die Hälfte der Deutschen treibt Sport, doch wie oft und wie intensiv?

Laut einer aktuellen Umfrage bezeichnen sich 6 % der Deutschen als Leistungssportler. Das heißt, sie trainieren täglich intensiv, meist mit dem Ziel, an Wettkämpfen teilzunehmen.

Doppelt so viele sind Freizeitsportler. 13 % der Deutschen machen regelmäßig Sport, doch steht bei ihnen der Spaß im Vordergrund und sie trainieren weniger für Wettkämpfe.

Fast ein Drittel der Befragten gibt an, dass sie gelegentlich Sport treiben, wenn Sie Zeit und Lust dazu haben. Die Gelegenheitssportler fahren zum Beispiel ab und zu im Sommer Fahrrad oder machen einmal im Jahr einen Skiurlaub.

Natürlich wissen alle, dass Bewegung wichtig ist, und über ein Drittel der Deutschen haben ein schlechtes Gewissen, weil sie keinen Sport machen. Diese 34 % der Deutschen – die Sportmuffel – nennen meistens Zeitmangel als Grund, dass sie sich zu wenig bewegen.

Aber es gibt auch die überzeugten Antisportler. Ein Fünftel treibt nämlich keinen Sport und hat auch nicht die Absicht, daran etwas zu ändern.

Und Sie, zu welcher Kategorie gehören Sie?

6 %	
13 %	Freizeitsportler
27 %	
34 %	
20 %	

c Und wenn die Deutschen Sport machen? Welche Sportarten treiben die Deutschen in ihrer Freizeit? Sehen Sie sich das Diagramm an und beschreiben Sie es.

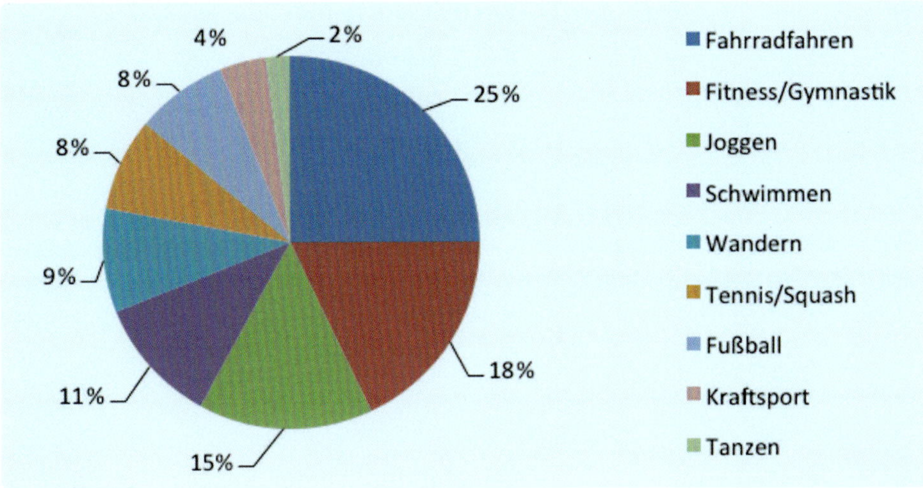

etwa/knapp
etwas mehr/weniger als 10 %
die Hälfte/ein Drittel/drei Viertel/zwei Fünftel
genauso/doppelt so/halb so viele ... wie ...
die meisten
die Mehrheit

6 Sport und Sportsendungen in Deutschland und in ...

a Ergänzen Sie die Tabelle.

Positiv	Komparativ	Superlativ
beliebt	beliebter	
	lieber	
		am besten
		am günstigsten
	interessanter	
		am langweiligsten
	spannender	
teuer		

b Schreiben Sie über Sport in Ihrem Heimatland. Schreiben Sie entweder etwas zu der Frage „Welche Sportart sehen die Menschen in Ihrem Heimatland am liebsten?" oder über das Thema „Welchen Sport machen die Menschen in Ihrem Heimatland am liebsten?".

52 **c** Sie hören zwei Meinungen. Entscheiden Sie beim Hören, ob a, b oder c richtig ist.

Radu

1 Radu schaut am meisten
- a ☐ Fußball.
- b ☐ Golf.
- c ☐ Handball.

2 Fußball findet er
- a ☐ interessant.
- b ☐ langweilig.
- c ☐ spannend.

3 Am beliebtesten in Deutschland ist
- a ☐ Boxen.
- b ☐ Fußball.
- c ☐ Handball.

4 Abends schaut er am liebsten
- a ☐ Boxen.
- b ☐ Fußball.
- c ☐ Golf.

Amparo

1 Amparo sieht sehr gern
- a ☐ Autorennen.
- b ☐ Fußball.
- c ☐ Tanzen.

2 Im Winter schaut sie
- a ☐ Eishockey.
- b ☐ Eiskunstlauf.
- c ☐ Skisport.

3 Leichtathletik findet Amparo
- a ☐ interessant.
- b ☐ langweilig.
- c ☐ spannend.

4 Sie findet Fußball
- a ☐ am besten.
- b ☐ am langweiligsten.
- c ☐ am spannendsten.

7 Relativpronomen 7

a Ergänzen Sie die Tabelle.

	maskulin	feminin	neutral	Plural
Nominativ	*der*			*die*
Dativ			*dem*	
Akkusativ		*die*		

53 **b** Ergänzen Sie die Relativpronomen. Hören Sie dann den Dialog zur Kontrolle.

Marie: Wollen wir noch etwas essen, bevor der Boxkampf beginnt, ……1…… du sehen willst?
Paul: Ja, gern. Wollen wir die Pizza aufbacken, ……2…… im Gefrierfach ist?
Marie: Nein. Ich würde gern das Steak machen, ……3…… wir gestern gekauft haben. Oder willst du lieber den Rest Lasagne, ……4…… noch im Kühlschrank ist?
Paul: Dann bin ich für das Steak. Und was wollen wir dazu essen? Vielleicht die Rosmarinkartoffeln, ……5…… wir letzte Woche schon einmal hatten. Die waren sehr lecker.
Marie: Ja, das können wir machen. Und dann würde ich noch die gedünsteten Karotten dazu machen, von ……6…… du letztens geschwärmt hast. Und was trinken wir?
Paul: Ich werde wohl mal das neue Bier probieren, von ……7…… du so begeistert bist. Du auch?
Marie: Heute nicht. Holst du mir bitte eine Flasche Limo aus dem Kasten, ……8…… im Keller steht?

8 Tor! Tor!! 9

a Verbinden Sie die Silben und schreiben Sie die Wörter mit dem passenden Artikel auf.

1	Schieds-	a	-ger	*der Schiedsrichter*
2	Sie-	b	-dion	
3	Zu-	c	-lierer	
4	Kar-	d	-ner	
5	Mann-	e	-richter	
6	Ver-	f	-ler	
7	Sta-	g	-te	
8	Trai-	h	-schauer	
9	Tor-	i	-schaft	
10	Spie-	j	-wart	

b Sehen Sie sich die Fußballergebnisse an und ergänzen Sie den Text.

USA – Brasilien	0:5	Portugal – Südafrika	2:2
England – Iran	4:2	Polen – Italien	0:3
Uruguay – Frankreich	2:0	Japan – Ghana	1:2

gegen
Niederlage
Sieger
unentschieden
Verlierer
verloren

1 Die USA mussten eine .... gegen Brasilien einstecken.

2 England hat .... den Iran 4:2 gespielt.

3 Die polnische Mannschaft war ein fairer ....

4 Japan hat gegen Ghana ....

5 Brasilien ging als .... vom Platz.

6 Portugal und Südafrika haben .... gespielt.

9 *Alles, etwas oder nichts?* 9

Vervollständigen Sie die Sätze. Benutzen Sie *alles, was .../nichts, was .../etwas, was ...*.

1 Ich schaue im Fernsehen *alles, was* ....

2 In einem Film mag ich ....

3 In den Nachrichten kommt ....

4 Ich trinke gern ....

5 Ich mag ....

6 Am Wochenende mache ich ....

Lernwortschatz

Fernsehen/Sendungen

das Fernsehprogramm
der Sender
die Sendung
berichten
empfangen
fernsehen
laufen
senden
die Dokumentation (Doku)
die Komödie
der Krimi
die Nachrichten
die Quizshow
die Reportage
die Seifenoper (Soap)
der Spielfilm
die Sportübertragung
die Talkshow

Welche Sportarten kennen Sie noch?

Sportarten

Eishockey
Fußball
Leichtathletik
Tennis

Mit welchen Begriffen beschreibt man in Ihrer Sprache Statistiken? Übersetzen und schreiben Sie.

Statistiken beschreiben

20 % der Männer/Frauen
die Mehrheit/die Minderheit
die Hälfte/ein Drittel/ein Viertel/ein Fünftel
doppelt so/genauso/halb so viele ... wie
mehr/weniger ... als
die meisten/wenigsten Frauen

Fußball

der Fan
die Rote/Gelbe Karte
die Mannschaft
der Schiedsrichter
der Spieler
das Stadion
ein Tor schießen
der Torwart
der Trainer
der Zuschauer, Pl. die Zuschauer
unentschieden spielen
gewinnen
verlieren

1 Früher und heute 1

a Lesen Sie den Text und ergänzen Sie die Tabelle.

2010 kam ich nach Deutschland. Damals sprach ich noch gar kein Deutsch. Ich kannte kaum jemanden hier und fühlte mich oft sehr allein. Damals hatte ich auch noch keine Arbeit. Dann besuchte ich einen Deutschkurs in einer wirklich guten Sprachschule. Da lernte ich nicht nur sehr schnell Deutsch, sondern ich traf dort auch Julia, meine heutige Frau. Vor zwei Jahren fand ich auch endlich eine gute Arbeit. Auf einmal war alles gut!

Infinitiv	Präteritum ich …	Perfekt ich …
besuchen	*besuchte*	habe besucht
finden		
sich fühlen		
		habe gehabt
		habe gekannt
	kam	
lernen		
sein		
		habe gesprochen
		habe getroffen

b Ergänzen Sie den Dialog. Schreiben Sie im Perfekt.

▶ Ich: Pedro, sag mal, seit wann bist du schon hier in Deutschland?

▷ Pedro: *2010 bin ich nach Deutschland gekommen.*

▶ Ich: Und hast du damals schon Deutsch gesprochen?

▷ Pedro: *Nein, damals habe ich …*

▶ Ich: Wie hast du dich damals gefühlt?

▷ Pedro: ……………………

▶ Ich: Wo hast du Deutsch gelernt?

▷ Pedro: ……………………

und dort habe ich auch Julia

▶ Ich: Hast du jetzt eine Arbeit?

▷ Pedro: ……………………

c Lesen Sie den Text 1a im Kursbuchteil noch einmal und ergänzen Sie die Tabelle.

Infinitiv	Präteritum ich ...	Perfekt ich ...
	lebte	
		habe gegeben
		habe geschenkt
bekommen		
werden		bin geworden
	heiratete	
		bin gezogen
	arbeitete	
beschließen		habe beschlossen
		habe gefehlt

2 Konjugation im Präteritum 1

a Lesen Sie den Text und markieren Sie die Endungen. Ergänzen Sie dann die Tabelle.

Früher schrieb man im Urlaub viele Postkarten. Es gab noch keine E-Mails. Auch ich schrieb immer an meine Freunde und meine Freunde schrieben mir. Und im Urlaub telefonierte man immer von einer Telefonzelle, da es keine Handys gab. Im Urlaub telefonierten wir selten und nur kurz. Es war viel zu teuer. Ich telefonierte höchstens einmal in der Woche.

	unregelmäßig	regelmäßig
ich		
du	schrieb<u>st</u>	telefonier<u>test</u>
er/sie/es		
wir	schrieb<u>en</u>	
ihr	schrieb<u>t</u>	telefonier<u>tet</u>
sie/Sie		telefonier<u>ten</u>

b Welches Wort passt? Ergänzen Sie.

fanden | fanden | kamen | konnten | lebten | lernte | machten | sprachen | wurde

Früher ______1______ wir in Portugal. 1960 ______2______ meine Eltern nach Deutschland, um hier zu arbeiten. Ich bin hier geboren und habe zwei Muttersprachen. Zuhause ______3______ wir nur Portugiesisch, aber im Kindergarten und in der Schule ______4______ ich schnell perfekt Deutsch. Meine Eltern ______5______ das ganz toll und schließlich ______6______ sie auch Deutschkurse und ihr Deutsch ______7______ immer besser. Als sie besser Deutsch ______8______, ______9______ sie auch eine bessere Arbeit.

c Ergänzen Sie die Tabelle.

	unregelmäßig				regelmäßig	
	nehmen	**fahren**	**bleiben**	**kommen**	**spielen**	**arbeiten**
ich	nahm	fuhr	blieb			arbeitete
du				kamst	spieltest	
er/sie/es		fuhr				
wir						
ihr			bliebt			
sie/Sie						

3 So war Frankfurt und so war ... früher. 1

a Ergänzen Sie die Sätze im Präteritum.

Früher *war* (sein) Frankfurt ganz anders. Es .... (geben) sehr wenige Straßencafés, die Menschen .... (bleiben) im Haus. Es .... (fahren) viel weniger Autos auf den Straßen und es .... (geben) auch wenige Fahrradwege. Auch ich .... (nehmen) selten das Fahrrad, wenn ich zur Arbeit .... (fahren).

b Und wie war Ihr Heimatland/Ihre Heimatstadt früher? Schreiben Sie einen Text im Präteritum.

....

4 Modalverben im Präteritum 1–2

a Ergänzen Sie die Sätze im Präteritum.

Was wollten Sie werden, als Sie ein Kind waren? Und warum? Schreiben Sie.

Als Kind ... .

b Welches Verb passt? Ergänzen Sie.

Als ich 14 Jahre alt war, ... (musste/durfte) ich nur fernsehen, wenn meine Hausaufgaben fertig waren, sonst haben meine Eltern das nicht erlaubt. Ich .... (konnte/wollte) mich gerne abends mit Freunden treffen, aber ich .... (musste/wollte) immer früh zu Hause sein.
In meiner Freizeit habe ich viel Fußball gespielt, das .... (durfte/konnte) ich auch sehr gut und ich .... (wollte/musste) später Sportlehrer werden.

c Ergänzen Sie die Tabelle.

	müssen	können	wollen	dürfen
ich	musste			
du		konntest		
er/sie/es			wollte	
wir				durften
ihr				
sie/Sie				

54 **d** Ergänzen Sie die Dialoge und hören Sie sie zur Kontrolle.

1 ▶ .... (dürfen) du mit 16 in die Disco gehen?

▷ Ja, das .... (dürfen) ich schon, aber ich musste früh zu Hause sein.

2 ▶ .... (können) ihr letztes Jahr auch schon so gut Gitarre spielen?

▷ Nein, letztes Jahr .... (können) wir das noch nicht so gut. Aber wir haben viel geübt.

3 ▶ .... (müssen) dein Bruder auch viel im Haushalt helfen?

▷ Ja natürlich, er .... (müssen) helfen, genauso wie ich.

4 ▶ Frau Schneider, ... (wollen) Sie früher auch schon Architektin werden?

▷ Ja, das .... (wollen) ich schon als Kind.

5 Deutsche Geschichte 3

a Ergänzen Sie die Wörter.

Alliierten | Besatzungszonen | Euro | Grenzen | Mauer | Staaten | Wiedervereinigung

1 1945 Der Zweite Weltkrieg war zu Ende. Die .... besiegten Deutschland.

2 Nach 1945 In Deutschland gab es vier ....

3 1949 Gründung zweier deutscher ....

4 1961 Die DDR baute eine .... in Berlin.

5 1989 Nach Massenprotesten öffnete die DDR die ....

6 1990 .... von West- und Ostdeutschland

7 2002 Einführung des ....

b Schreiben Sie die Jahreszahlen und Daten aus.

am 8.5.1945 *Am achten Fünften neunzehnhundertfünfundvierzig*

vom 13.8.1961 ……

bis zum 9.11.1989 ……

der 3.10.1990 ……

am 1.1.2002 ……

im Jahr 2015 ……

c Wissen Sie, was an diesen Daten passierte?

d Hören Sie und sprechen Sie die Daten nach. 55

6 Passiv Präteritum 3|4

a Was wurde gemacht? Schreiben Sie die Sätze im Passiv Präteritum.

	Gegenwart	Vergangenheit
1	Das Fahrrad wird repariert.	*Letzte Woche wurde das Fahrrad repariert.*
2	Die Suppe wird gekocht.	*Gestern*
3	Das Restaurant wird geöffnet.	*Letzten Samstag*
4	Hier werden viele Gäste bedient.	*Hier*

b Schreiben Sie weitere Sätze im Passiv Präsens und im Passiv Präteritum.

	Gegenwart	Vergangenheit
1		
2		
3		

c Was ist passiert? Schreiben Sie die Sätze im Passiv Präteritum.

1 1945 besiegten die Alliierten Deutschland. Der Krieg war zu Ende.

*1945 **wurde** Deutschland (von den Alliierten) **besiegt**. Der Krieg war zu Ende.*

2 Die Alliierten teilten Deutschland in vier Besatzungszonen auf.

Deutschland …… *aufgeteilt.*

3 1949 gründete man zwei deutsche Staaten.

1949 …… *gegründet.*

4 1961 baute die DDR eine Mauer in Berlin.

5 Man schloss die Grenzen zur Bundesrepublik.

6 Nach Massenprotesten öffnete die DDR 1989 die Grenzen.

7 1990 vereinigten sich beide deutsche Staaten.

wiedervereinigt.

8 2002 führte man den Euro ein.

eingeführt.

d Aktiv und Passiv. Schreiben Sie Sätze.

1 Als | Pedro | nach Leipzig | ist | gezogen | es | gab | die DDR | nicht mehr.

, gab es

2 Als | ich | wurde | geboren | es | gab | noch die DDR.

3 Als | die DDR | wurde | gegründet | meine Eltern | hatten | Hoffnungen | in den Sozialismus.

4 Als | die DDR | öffnete | die Grenzen zur Bundesrepublik | zehntausende Menschen | fuhren | in den Westen.

7 Wann war das? 5

Welche Antwort passt? Verbinden Sie.

1 Wann kamen viele Flüchtlinge nach Deutschland?

2 Wann mussten viele Deutsche ihr Land verlassen?

3 Wann kamen viele Russlanddeutsche?

4 Wann gingen viele Deutsche nach Amerika?

5 Wann kamen viele Männer aus Südeuropa?

a Als die Grenzen geöffnet wurden.

b Als es einen Bürgerkrieg in Jugoslawien gab.

c Als man Gastarbeiter brauchte.

d Im 19. Jahrhundert.

e Im Nationalsozialismus.

8 *Als oder wenn?* 5

a Welche Sätze passen? Ordnen Sie zu und hören Sie dann zur Kontrolle. 56

1	Als Lucy nach Deutschland kam,	a	fanden sie Julian auch sehr nett
2	Aber als sie Julian kennengelernt hat,	b	gibt es vielleicht schon einen Heiratstermin.
3	Wenn sie ihn trifft,	c	ist sie glücklich.
4	Wenn sie sich weiter so gut verstehen,	d	werden sie vielleicht heiraten.
5	Als ihre Eltern sie das letzte Mal besucht haben,	e	hat sie sich sofort verliebt.
6	Wenn ihre Eltern sie das nächste Mal besuchen,	f	wollte sie zuerst nicht lange bleiben.

b Ergänzen Sie *als*, *wenn* oder *wann*.

Zwei Verbformen im Als-Satz? Das konjugierte Verb steht am Ende.

▶ Was machst du, ... es morgen schneit?

▷ Dann fahre ich nicht mit dem Auto zur Arbeit.

.... es das letzte Mal geschneit hat, waren die Straßen so glatt.

▶ .... war das? Ich kann mich nicht erinnern.

▷ Das war, ... du aus dem Urlaub zurückkamst. Letzten Dezember.

▶ Ja, stimmt, ... ich mich richtig erinnere, waren es damals minus 10 Grad.

9 Wann war das? 6

a Verbinden Sie. Wie heißen die Fragen?

1	Seit wann	a	Muttersprache?
2	Welche Sprachen	b	Ihre beruflichen Pläne?
3	Was ist Ihre	c	wenn mehrere Sprachen zu Hause gesprochen werden? Warum?
4	In welchen Situationen	d	lernen Sie Deutsch?
5	In welchen Situationen	e	noch andere Sprachen lernen? Welche?
6	Finden Sie es gut,	f	nach dem Deutschkurs machen?
7	Was wollen Sie	g	sprechen Sie Deutsch oder andere Fremdsprachen?
8	Was sind	h	sprechen Sie Ihre Muttersprache?
9	Wollen Sie	i	sprechen Sie?

b Schreiben Sie einen Text über sich mit Antworten auf die Fragen aus Aufgabe 9a.

....

....

....

....

Lernwortschatz

Schreiben Sie Beispielsätze.

Vergangenes

als — *Als ich ein Kind war, wollte ich ...*
wann
wenn
die Kindheit
die Erinnerung
sich erinnern
das Heimweh
früher
heute
die Vergangenheit
die Gegenwart
die Zukunft

Aus Politik und Geschichte

die Botschaft
die Bundesrepublik Deutschland (BRD)
die Deutsche Demokratische Republik (DDR)
die Demokratie
die Demonstration
der Euro
die Grenze
die Hoffnung
der Krieg
die Mauer
der Mauerfall
die Regierung
der Staat
der Weltkrieg
bauen
protestieren
regieren
verhaften
wiedervereinigen

Übersetzen Sie die Wörter in Ihre Sprache.

Migration

die Auswanderung
die Einwanderung
das Einwanderungsland
die Mobilität
der Auswanderer
der Flüchtling
der Gastarbeiter
der Zuwanderer

Tests

- Mit den Zwischentests zu den Lektionen 1–3 und 4–6 können Sie kontrollieren, wie viel Sie dazugelernt haben. Außerdem bereiten die Zwischentests Sie schrittweise auf den Übungstest *Zertifikat Deutsch / telc Deutsch B1* vor.

- Bitte markieren Sie die richtige Antwort so:

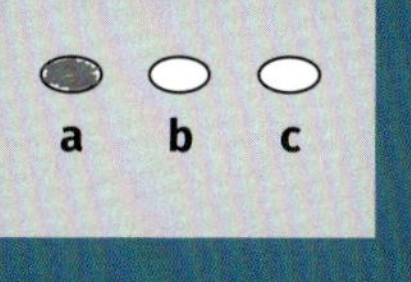

- Auch im *Zertifikat Deutsch / telc Deutsch B1* müssen Sie den Antwortbogen so ausfüllen.

Leseverstehen, Teil 1

Lesen Sie die Überschriften a–j und die Texte 1–5.
Finden Sie für jeden Text die passende Überschrift.
Sie können jede Überschrift nur einmal benutzen.

	a	b	c	d	e	f	g	h	i	j	
1	○	○	○	○	○	○	○	○	○	○	1
2	○	○	○	○	○	○	○	○	○	○	2
3	○	○	○	○	○	○	○	○	○	○	3
4	○	○	○	○	○	○	○	○	○	○	4
5	○	○	○	○	○	○	○	○	○	○	5

a **Abenteuerurlaub: Von Hütte zu Hütte in den Alpen**

b Autoverbot im Zentrum: Ein Ort geht neue Wege

c *Cooler Urlaub für die ganze Familie*

d ***Freizeit genießen und die Natur schützen – neue Ziele entdecken***

e **Mit allem Komfort: Städtetouren für die Generation 50+**

f *Sportliche Sommerferien – unterwegs mit Bike & Board*

g **Sprachreisen liegen im Trend – nicht nur bei jungen Menschen**

h ***Umweltschutz & Landwirtschaft: Geht das zusammen?***

i Urlaub an der Küste: Natur pur erleben

j **Wo kommt unser Essen her? Besondere Urlaubstage auf dem Land**

1

Ferien mit den Eltern? Für Jugendliche ist ein Familienurlaub oft langweilig. Einige Hotels in der Region bieten ein Programm speziell für 13- bis 18-Jährige an: Während die Eltern mit den jüngeren Geschwistern wandern gehen, erleben die jungen Leute sportliche Herausforderungen in den Bergen oder an den umliegenden Seen. Auch kulturelle Angebote wie Graffitisprühen oder Songschreiben stehen auf dem Programm.

2

Travel&Language bietet jetzt auch Sprachreisen für Lernende im Alter ab 50 Jahren. Die Teilnehmenden reisen in kleinere, oft unbekannte Städte in ihrem Wunschland. Dort findet der Sprachunterricht vormittags in Kleingruppen statt. Nachmittags können die Teilnehmenden ihre neuen Kenntnisse anwenden: Sie entdecken – individuell und thematisch passend zum Unterricht – Sehenswertes in der Stadt oder unternehmen Ausflüge in die Umgebung.

3

Volle Straßen und Staus: Besonders in der Urlaubszeit ist die Verkehrsbelastung in der kleinen Stadt an der Nordseeküste oft enorm. Ab der kommenden Saison soll deshalb ein neues Verkehrskonzept getestet werden: In der Innenstadt dürfen keine Autos mehr fahren. Die Feriengäste erhalten ein kostenloses Ticket für den öffentlichen Nahverkehr, so dass sie am Urlaubsort trotzdem mobil sind.

4

Wenn man Urlaub auf dem Bauernhof bucht, möchte man meist die angenehmen Seiten des Lebens auf dem Land genießen. Doch die Arbeit in einem landwirtschaftlichen Betrieb ist oft sehr anstrengend. Deswegen haben sich jetzt einige Höfe in Mitteldeutschland entschlossen, Feriengästen ihren stressigen Alltag zu zeigen – auch um mehr Wissen über die regionale Produktion von Lebensmitteln weiterzugeben.

5

Einige Regionen in den Alpen werden von so vielen Menschen besucht, dass dies mit großen Nachteilen für die Natur verbunden ist. Seltene Tiere oder bedrohte Pflanzenarten können nicht mehr so gut geschützt werden. Die Initiative www.naturgenießen.org veröffentlicht auf ihrer Webseite alternative Ziele für Aktivitäten in der Natur und hofft, dass sich die Besucher gerade an den Wochenenden besser verteilen.

Leseverstehen, Teil 2

Lesen Sie den Text und die Aufgaben 6–10. Welche Lösung (a, b oder c) ist jeweils richtig?

Interne Stellenausschreibungen: Bei einer Absage nicht gleich das Unternehmen verlassen

Richard Meister arbeitet bei einem mittelständischen Unternehmen. Gleich nach seiner Berufsausbildung hat er dort begonnen und sich in den letzten Jahren großes fachliches Wissen erarbeitet. Vor drei Jahren hat er die stellvertretende Teamleitung seiner Abteilung übernommen und vertritt seinen Chef zuverlässig, wenn dieser in Urlaub oder krank ist. Zudem hat er letztes Jahr Bildungsurlaub genommen und eine Fortbildung in Personalführung gemacht.

Nun wurde eine leitende Position in der Firma frei. Sie wurde zunächst intern, später aber auch auf der Webseite ausgeschrieben. Richard Meister kennt die Aufgaben dieser Abteilung gut, er hat dort längere Zeit eine kranke Kollegin vertreten. Weil er über gute fachliche Qualifikationen verfügt, hat er sich beworben. Nach einem ersten positiven Gespräch mit der Personalchefin hat er auf eine Zusage gehofft. Seine Enttäuschung war daher groß, als ihm mitgeteilt wurde, dass seine Kollegin Sara Farhandi in Zukunft diese Aufgabe übernehmen wird.

Als erste Reaktion auf die Absage hat Richard Meister überlegt, das Unternehmen zu verlassen. Doch die Personalchefin hat lange mit ihm gesprochen und ihm klar gemacht, dass seine engagierten Leistungen im Unternehmen sehr geschätzt werden. Sie sagte auch, dass sie gemeinsam mit ihm eine Perspektive für seine Zukunft in der Firma entwickeln möchte, wenn er beruflich neue Herausforderungen sucht.

In dem Gespräch hat die Personalchefin außerdem erklärt, dass Sara Farhandi ein abgeschlossenes Studium hat und schon länger in diesem Bereich arbeitet. Deswegen wurde sie für diese Stelle ausgewählt. Die Personalchefin meint, dass Richard Meister sich fachlich weiter qualifizieren soll, damit er bei seiner nächsten Bewerbung erfolgreich ist. Dass er nicht studiert hat, sieht sie dabei nicht als Problem. Ihrer Meinung nach kann er die nötigen Fähigkeiten auch mit einer Fortbildung erwerben.

Seitdem sind fünf Jahre vergangen. Richard Meister arbeitet heute als Teamleiter – und das immer noch im gleichen Unternehmen. Er hat damals beschlossen, dem Rat der Personalleiterin zu folgen, eine Zusatzausbildung gemacht und auf eine neue berufliche Chance gewartet. Im Unternehmen ist man mehr als zufrieden damit, dass Richard Meister auch den nächsten Karriereschritt in der Firma plant.

6 Richard Meister hat
- **a** eine Ausbildung im Personalbereich abgeschlossen.
- **b** mehrere Jahre Berufserfahrung im Unternehmen.
- **c** seine berufliche Ausbildung im Unternehmen gemacht.

○ ○ ○
a b c

7 Die offene Stelle in der Firma
- **a** passt zu den Kenntnissen von Richard Meister.
- **b** wird von Sara Farhandi abgelehnt.
- **c** wurde zuerst online veröffentlicht.

○ ○ ○
a b c

8 Die Personalchefin des Unternehmens hat gesagt, dass
- **a** Richard Meister sich eine neue Stelle suchen soll.
- **b** sich Richard Meister noch einmal bewerben soll.
- **c** sie Richard Meister bei seinen beruflichen Zielen unterstützen wird.

○ ○ ○
a b c

9 Wenn Richard Meister als Führungskraft arbeiten will, muss er
- **a** noch ein Studium abschließen.
- **b** weitere Berufspraxis sammeln.
- **c** zusätzliches berufliches Wissen erwerben.

○ ○ ○
a b c

10 Richard Meister möchte in Zukunft
- **a** einen Job als Teamleiter bekommen.
- **b** eine zusätzliche Ausbildung machen.
- **c** weiter in der Firma bleiben.

○ ○ ○
a b c

Sprachbausteine, Teil 1

Lesen Sie den Text und schließen Sie die Lücken 11–20. Welche Lösung (a, b oder c) ist jeweils richtig?

Liebe Mama,

Pia und ich sind gut in Italien angekommen. Unsere Vermieterin hat uns mit dem Auto am Bahnhof ……11…… und uns erstmal ein wunderbares Frühstück serviert.

Danach sind wir zu einem Weingut in der Nähe gefahren und haben gelernt, ……12…… man Wein herstellt. Wir durften die Weine auch probieren und ich habe gleich ein ……13…… Flaschen gekauft.

Danach haben wir in dem kleinen Dorf, in ……14…… wir wohnen, auf dem Marktplatz in einer Bar einen Espresso getrunken und die Menschen beobachtet. Es war herrlich warm und ich habe den Tag sehr ……15…… .

Jetzt sitze ich in meinem Zimmer ……16…… unserer Pension und sehe durch das Fenster die Felder und Hügel der Toskana. Ich bin ……17…… müde von der Reise und gehe deshalb bald ins Bett. Morgen ……18…… ich fit sein. Wir fahren nämlich ……19…… Florenz und besichtigen die Stadt.

Ich schreibe ……20…… bald wieder!

Liebe Grüße

Maria

11 **a** abgeholt **b** abholen **c** abzuholen

12 **a** ob **b** wenn **c** wie

13 **a** bisschen **b** paar **c** wenig

14 **a** das **b** dem **c** den

15 **a** gefallen **b** gefreut **c** genossen

16 **a** bei **b** in **c** vor

17 **a** mehr **b** sehr **c** viel

18 **a** darf **b** kann **c** will

19 **a** in **b** nach **c** zu

20 **a** dich **b** dir **c** euch

11 ○ a ○ b ○ c   **14** ○ a ○ b ○ c   **17** ○ a ○ b ○ c   **20** ○ a ○ b ○ c

12 ○ a ○ b ○ c   **15** ○ a ○ b ○ c   **18** ○ a ○ b ○ c

13 ○ a ○ b ○ c   **16** ○ a ○ b ○ c   **19** ○ a ○ b ○ c

Leseverstehen, Teil 3

Lesen Sie die Situationen 1–10 und die Anzeigen a–l. Finden Sie für jede Situation die passende Anzeige. Sie können jede Anzeige nur einmal benutzen. Wenn Sie zu einer Situation keine Anzeigen finden, markieren Sie ein x.

1 Sie begeistern sich für andere Länder und sehen sich gerne Dokumentationen über Kultur und Natur an. Dieses Wochenende suchen Sie ein passendes Filmangebot im Kino.

2 Sie sind auf der Suche nach einem Ort, an dem Sie für eine Prüfung in Ruhe lesen und lernen können.

3 Sie interessieren sich für Gesellschaft und Politik und kennen immer die aktuellen Nachrichten. Sie möchten sich auch auf Veranstaltungen zu politischen Themen informieren.

4 Sie haben Lust auf Kaffee und Kuchen. Sie rufen einen Freund an und Sie wollen sich in einem Café in der Nähe treffen.

5 Sie sind seit Kurzem Rentnerin und suchen eine Möglichkeit, sich regelmäßig zu bewegen und Sport zu machen. Sie möchten dabei auch neue Kontakte knüpfen.

6 Sie möchten, dass Ihre Kinder nicht zu viel Zeit täglich am Handy verbringen – und wollen sich deswegen beraten lassen.

7 Ihr Handy ist nass geworden und funktioniert nicht mehr. Sie müssen aber unbedingt jederzeit erreichbar sein und suchen eine schnelle Lösung.

8 Sie treffen sich am Samstag mit Ihrer besten Freundin und wollen mal wieder gemeinsam shoppen.

9 Sie brauchen Geschirr für Ihren Haushalt. Sie möchten aber nichts Neues kaufen und vor allem nicht viel Geld ausgeben.

10 Sie sind sehr modebewusst und tragen meist Markenkleidung, die aber möglichst günstig sein soll. Am Wochenende haben Sie keine Zeit.

1	○ a	○ b	○ c	○ d	○ e	○ f	○ g	○ h	○ i	○ j	○ k	○ l	○ x	1
2	○ a	○ b	○ c	○ d	○ e	○ f	○ g	○ h	○ i	○ j	○ k	○ j	○ x	2
3	○ a	○ b	○ c	○ d	○ e	○ f	○ g	○ h	○ i	○ j	○ k	○ l	○ x	3
4	○ a	○ b	○ c	○ d	○ e	○ f	○ g	○ h	○ i	○ j	○ k	○ l	○ x	4
5	○ a	○ b	○ c	○ d	○ e	○ f	○ g	○ h	○ i	○ j	○ k	○ l	○ x	5

6	○ a	○ b	○ c	○ d	○ e	○ f	○ g	○ h	○ i	○ j	○ k	○ l	○ x	6
7	○ a	○ b	○ c	○ d	○ e	○ f	○ g	○ h	○ i	○ j	○ k	○ j	○ x	7
8	○ a	○ b	○ c	○ d	○ e	○ f	○ g	○ h	○ i	○ j	○ k	○ l	○ x	8
9	○ a	○ b	○ c	○ d	○ e	○ f	○ g	○ h	○ i	○ j	○ k	○ l	○ x	9
10	○ a	○ b	○ c	○ d	○ e	○ f	○ g	○ h	○ i	○ j	○ k	○ l	○ x	10

a

Ladenzentrum Hochstraße – alles unter einem Dach

Ladenzentrum Hochstraße – alles unter einem Dach
Alle Geschäfte für den täglichen Bedarf: Lebensmittel mit Feinkost, Reinigung, Apotheke, Drogeriemarkt, Discounter, Haushaltsgeräte, Spielwaren, Restaurant mit Selbstbedienung.
Großer Parkplatz, Bushaltestelle Hochstraße, Nähe Bahnhofsplatz.
www.zentrum-hochstrasse.de

b

Spaß beim gemeinsamen Sport!

Seniorengruppe trifft sich jeden Donnerstagnachmittag zum Turnen in der Sporthalle der Grundschule an der Hauptstraße. Möchten Sie mitmachen?

Melden Sie sich bei Übungsleiterin Gerlinde Sommerhaus 040-48026.

c

Stadtbibliothek Grünstadt

Bücher, digitale Medien, internationale Angebote, Kinderliteratur, Musikbibliothek
Öffnungszeiten des Schalters für die Ausleihe nach Hause: Mo - Fr 10:00 - 16:00 Uhr
Öffnungszeiten des Leseraums: Mo - Fr 9:00 - 18:00 Uhr, Sa 10:00 - 14:00 Uhr.
Im Lesebereich kostenloser Internetzugang sowie ein großes Angebot an aktuellen Zeitungen und Zeitschriften.
www.bib-gruenstadt.de

d

Boutique Luisa – Luxus & Design aus zweiter Hand

Mode stilbewusst und nachhaltig einkaufen.

Jetzt neue Sommerkleidung eingetroffen.

Besuchen Sie unseren Laden in der Altstadt, geöffnet Di – Sa von 10.30 bis 19.00 Uhr.

e

Technik-Zentrum Altona

Aktuelle Modelle: Computer, Laptops und Smartphones.
Beratung, Reparaturservice.
Verkauf von gebrauchten Geräten.

Besuchen Sie uns am Hauptplatz 5, Hamburg-Altona.

Öffnungszeiten: Mo bis Sa 10.00 bis 18.00 Uhr.
Tel. 040-2020 2080. www.handyaltona.de.

f

Volkshochschule Restplätze für Computerkurse

Den Umgang mit dem PC und dem Internet lernen.
3 Dienstage von 10.00 Uhr bis 11.30 Uhr, ab 4. März.
Smartphone für Einsteiger.
Vier Samstage von 10.00 - 11.30 Uhr, ab 8. März.
Die Kurse sind speziell für ältere Menschen ohne Vorkenntnisse.
Buchung: 040/111 222 - 0.

i

Kulturhaus Alter Speicher

Veranstaltungsreihe:
*„Wie sieht das Europa der Zukunft aus? Medienvertreter*innen und Politiker*innen diskutieren und stellen ihre Visionen vor.“*

Die Abende mit Podiumsdiskussionen und Interviews stehen unter Leitung des Journalisten Dr. Hans Filzner.
Genaues Programm und Termine: *www.kulturspeicher.org.*
Kartenreservierung nur telefonisch: (040) 567 890

h

Flohmarkt am Flussufer

Jeden ersten Sonntag im Monat von 9:00 bis 16:00 Uhr auf dem Parkplatz des Ladenzentrums – bei jedem Wetter.
Aufbau ab 8.00 Uhr.
Stöbern Sie nach Schätzen, Schnäppchen und schönen Dingen.
Standanmeldung unter: flohmarkt@flussufer.org

g

25 Jahre Einkaufszentrum am Bahnhof

Wir feiern ein Vierteljahrhundert Einkaufsvergnügen im Herzen Altonas. Vom 28.9.–7.10. erwarten Sie viele Schnäppchen, tolle Sonderangebote und unglaubliche Rabattaktionen. Nehmen Sie auch an unserem Jubiläums-Gewinnspiel teil. Freuen Sie sich außerdem auf viele Höhepunkte in unserem Veranstaltungsprogramm.

Feiern Sie mit uns!

www.einkaufszentrum-altona.de

k

Neueröffnung – Ihr Treffpunkt in der Nachbarschaft

Zum „Kaffeeklatsch“

Kaffee, Tee, hausgemachte Kuchen und Snacks direkt in Ihrem Viertel.
Geöffnet täglich von 10.00 Uhr bis 18.00 Uhr.
Folgen Sie uns auf Instagram: @kaffeeklatsch-in-altona

j

MaxxFilm Kinozentrum – im Zentrum der Stadt

Das Neueste aus Hollywood und Filmklassiker in digitaler Qualität

Programmstart täglich ab 14.30 Uhr
Montags Kinotag mit reduzierten Eintrittspreisen

Reservierung unter +49 30 123 456 78 oder www.maxxfilm.de.

l

Fitnessstudio ActiveBody

Modernste Geräte und Kurse für jedes Fitnesslevel.
Ansprechende Räume mit Pool, Sauna, Wellness.

Probetraining und individuelle Trainingspläne, Ernährungs- und Gesundheitsberatung.

***4 Studios in Hamburg, geöffnet täglich von 7.00 –24.00 Uhr.* Anmeldung und Infos unter: www.activefit-luxury.de oder (040) 555 666.**

Hörverstehen, Teil 1

57 Sie hören nun fünf kurze Texte. Dazu sollen Sie fünf Aufgaben lösen. Sie hören diese Texte nur einmal. Entscheiden Sie beim Hören, ob die Aussagen richtig oder falsch sind. Markieren Sie PLUS (+) gleich richtig und MINUS (–) gleich falsch. Lesen Sie jetzt die Aufgaben. Sie haben dazu 30 Sekunden Zeit.

		+	–
11	Der Sprecherin gefällt die Auswahl an Filmen und Serien im Fernsehen.	○	○
12	Die Sprecherin findet das Fernsehen wichtig für das Familienleben.	○	○
13	Der Sprecher kann mit dem Fernsehen seine Sprachkenntnisse verbessern.	○	○
14	Die Sprecherin interessiert sich nur für ganz spezielle Sendungen im Fernsehen.	○	○
15	Der Sprecher kann sich bei Sportsendungen gut vom Alltag erholen.	○	○

Mündlicher Ausdruck, Teil 1

Teilnehmer/in A und B

Einander kennenlernen

Unterhalten Sie sich mit Ihrer Partnerin/Ihrem Partner über folgende Themen:

Name

Woher sie oder er kommt

Wie sie oder er wohnt (Wohnung, Haus, Garten ...)

Familie

Wo sie oder er Deutsch gelernt hat

Was sie oder er macht (Schule, Studium, Beruf ...)

Sprachen (Welche? Wie lange? Warum?)

Die Prüfenden können außerdem noch weitere Fragen stellen.

1 Nomen

Sätze mit Dativ- und Akkusativergänzungen

Wer?	Verb	Wem?	Was?
Er	kauft	seiner Nichte	schicke Schuhe.
Er	kauft	ihr	schicke Schuhe.
Joana	erklärt	Sandro	das Onlineshopping.
Sie	erklärt	es	ihm.

Der Genitiv

Wessen Koffer ist das? – Das ist der Koffer ...

Genitiv	Singular			Plural
	maskulin	feminin	neutral	
bestimmter Artikel	des Mannes	der Frau	des Kindes	der Eltern
unbestimmter Artikel	eines Mannes	einer Frau	eines Kindes	--- Eltern
Possessivartikel	meines Mannes	meiner Frau	meines Kindes	meiner Eltern

***wegen* + Genitiv:**

Wegen eines technischen Problems hat das Flugzeug eine Verspätung von zwei Stunden.

(eines technischen Problems = **Genitiv**)

= Das Flugzeug hat eine Verspätung von zwei Stunden, **weil** es ein technisches Problem gibt.

2 Verben

Passiv Präsens

Aktiv Präsens		**Akkusativ**	
Singular	Maria	kauft	den Rock.
Plural	Maria	kauft	die Schuhe.

Passiv Präsens	**Nominativ**	***werden* (Präsens)**		**Partizip II**
Singular	Der Rock	wird	heute	gekauft.
Plural	Die Schuhe	werden	sofort	gekauft.

Passiv Präteritum

	Nominativ	***werden* (Präteritum)**		**Partizip II**
Singular	Der Rock	wurde	gestern	gekauft.
Plural	Die Schuhe	wurden	an meine Adresse	geliefert.

Passiv Präsens mit Modalverben

	Nominativ	**Modalverb**		**Partizip II**	***werden* (Infinitiv)**
Singular	Der Rock	kann	morgen	**geliefert**	werden.
Plural	Die Schuhe	können	schnell	**geliefert**	werden.

Präteritum von regelmäßigen und unregelmäßigen und Mischverben

	regelmäßig		**unregelmäßig**		**Misch-verben**	**andere Verben**		
	lachen	**arbeiten**	**kommen**	**gehen**	**denken (e → a)**	**sein**	**haben**	**werden**
ich	lachte	arbeitete	**kam**	**ging**	dachte	**war**	**hatte**	**wurde**
du	lachtest	arbeitetest	**kamst**	**gingst**	dachtest	**warst**	**hattest**	**wurdest**
er/sie/es	lachte	arbeitete	**kam**	**ging**	dachte	**war**	**hatte**	**wurde**
wir	lachten	arbeiteten	**kamen**	**gingen**	dachten	**waren**	**hatten**	**wurden**
ihr	lachtet	arbeitetet	**kamt**	**gingt**	dachtet	**wart**	**hattet**	**wurdet**
sie/Sie	lachten	arbeiteten	**kamen**	**gingen**	dachten	**waren**	**hatten**	**wurden**

Futur I

Formen

werden + **Infinitiv**: Ich werde **studieren**.

Funktionen

etwas versprechen:	Ich	werde	keinen Müll mehr auf die Straße	**werfen**.
etwas vorhersagen:	Das Klima	wird	sich in Zukunft weiter	**verändern**.
etwas ankündigen:	Unsere Kinder	werden	bald	**studieren**.
Hoffnung ausdrücken:	Es	wird	schon nichts	**passieren**.

3 Adjektive

Adjektive im Dativ

Dativ	Singular			Plural
	maskulin	feminin	neutral	
bestimmter Artikel	**dem** großen Balkon	**der** großen Terrasse	**dem** großen Zimmer	**den** großen Taschen
unbestimmter Artikel	**einem** großen Balkon	**einer** großen Terrasse	**einem** großen Zimmer	--- großen Taschen
Possessivartikel	**meinem** großen Balkon	**meiner** großen Terrasse	**meinem** großen Zimmer	**meinen** großen Taschen

4 Satzbau

Infinitiv + ***zu***

Es ist nicht gestattet, auf dem Balkon **zu** grillen.

Bei trennbaren Verben steht *zu* zwischen dem Präfix und dem Verbstamm:

Ich bitte Sie, die Regeln ein**zu**halten.

zwar ..., aber = (+/–)
weder ... noch = (–/–)
sowohl ... als auch = (+/+)
nicht nur ..., ... sondern auch = (+/+)

Sätze mit zweiteiligen Konjunktionen

Konjunktionen	Beispielsätze
entweder ... oder	Wir übernachten entweder im Hotel oder in der Jugendherberge.
zwar ..., aber	Das Zimmer ist zwar klein, aber günstig.
sowohl ... als auch	Im Bad gibt es sowohl eine Badewanne als auch eine Dusche.
weder ... noch	Ich mag weder Krimis noch Sportsendungen.
nicht nur ..., sondern auch	Wir gucken nicht nur Fußball, sondern auch Autorennen.

Sätze mit *obwohl*

Die Mieter haben auf dem Balkon gegrillt. Das ist verboten.
Die Mieter haben auf dem Balkon gegrillt, obwohl das verboten ist.
Hauptsatz **Nebensatz**

Sätze mit *da*

Batterien **kommen** in den Sondermüll, da sie gefährlich für die Umwelt sind.
Da Batterien gefährlich für die Umwelt sind, **kommen** sie in den Sondermüll.

da = weil

Sätze mit *falls* und *wenn*

Er **kann** die Jacke kostenfrei zurückschicken, falls sie ihm zu klein ist.
Hauptsatz **Nebensatz**

Falls die Jacke zu klein ist, **kann** er sie kostenfrei zurückschicken.
Nebensatz **Hauptsatz**

Er **kann** die Jacke kostenfrei zurückschicken, wenn sie ihm zu klein ist.
Hauptsatz **Nebensatz**

Wenn die Jacke zu klein ist, **kann** er sie kostenfrei zurückschicken.
Nebensatz **Hauptsatz**

Sätze mit *damit*

Ich **gucke** die Nachrichten, damit ich informiert bin.
Hauptsatz **Nebensatz**

Sätze mit *(an)statt zu …* + Infinitiv, *um … zu* + Infinitiv und *ohne … zu* + Infinitiv

(an)statt zu + Infinitiv	Wir wollen lieber Tiere beobachten, **anstatt** eine Radtour **zu** machen.
um zu + Infinitiv	Wir müssen etwas tun, **um** die Natur **zu** schützen.
ohne zu + Infinitiv	Die Kinder gehen ins Bett, **ohne** den Fernseher aus**zu**machen.

Relativsätze mit *was*

Wir haben alles,	**was** wir brauchen.
Es gibt nichts,	**was** unmöglich ist.
Das ist etwas,	**was** ich nicht verstehe.

Lektion 1

Reisepläne

Ich werde meinen Urlaub in .../an ... verbringen.

Im Urlaub möchte sie ...
... die Familie/Verwandte in ... besuchen.
... quer durch ... fahren
... ein bisschen mehr von Deutschland kennenlernen.
... zum Wandern/Klettern fahren.
... sich sportlich betätigen.
... am Strand liegen.
... den Alltag vergessen.
... neue Energie tanken.

Sie möchte einen Kurztrip machen.

Reisebuchung

Im Reisekatalog habe ich ein interessantes Angebot gefunden.

Wo liegt das Hotel?

Das Hotel ...
... ist nur ... Meter vom Strand entfernt.
... ist direkt in/an ...
... liegt in einer ruhigen Gegend.

In ... Minuten sind Sie von dort in ...

Er möchte gerne ein Zimmer mit Balkon/mit Meerblick.

Die Reise kostet ... pro Person.

Das kostet ... Euro extra.

... ist im Reisepaket enthalten.

Das Angebot umfasst sieben Übernachtungen in ausgewählten Hotels, inklusive Frühstück.

Sie macht eine geführte Gruppenreise.

Eine erfahrene Reiseleitung begleitet Sie.

Sie haben einen zusätzlichen Tag zur Verfügung.

... ist einen Besuch wert.

Er möchte einen Rundgang in der Altstadt machen.

Flugreise

Hier ist die Flugreservierung/mein Reisepass/der Kinderausweis.

Er hat Sitzplätze im Internet reserviert.

Bitte stellen Sie den Koffer aufs Band.

Die Tasche möchte ich als Handgepäck mitnehmen.

Ihre Einsteigezeit ist ...

Durchsagen

Flug ... ist nun zum Einsteigen bereit.

Bitte gehen Sie umgehend zum Check-in-Schalter/Ausgang/Gate ...

Bitte halten Sie Ihre Bordkarten bereit.

Dies ist der letzte Aufruf für Flug ...

Wegen des Wetters/technischer Probleme verschiebt sich der Abflug um ... Minuten.

Bitte beachten Sie ...
... die Lautsprecherdurchsagen.
... die Informationen auf den Anzeigetafeln.

Vorschriften beachten

Er erklärt den Hotelgästen die Hausordnung.

In den Zimmern ist offenes Feuer verboten.

Rauchen ist hier strengstens untersagt.

Sie dürfen auf dem Balkon oder vor dem Hotel rauchen.

Bitte bringen Sie keine Freunde mit ins Hotel.

Sie können die Gemeinschaftsküche nutzen.

Lassen Sie keine Speisen und Getränke in der Küche stehen.

Sie dürfen nicht die Nachtruhe der anderen Gäste stören.

Tiere dürfen nicht in das Hotel/an den Strand mitgenommen werden.

Handtücher sind Eigentum des Hotels.

Lektion 2

Die Hausordnung beachten

Alle müssen sich an die Regeln halten.

Man muss ...
... auf die Nachbarn Rücksicht nehmen.
... die Mittags- und Nachtruhe beachten.
... den Hausmüll trennen.

Fahrräder gehören in den Keller.

Stellen Sie den Fernseher auf Zimmerlautstärke.

Es ist nicht gestattet/erlaubt, ...
... gegen die Hausordnung zu verstoßen.
... im Hausflur zu rauchen.
... Tiere zu halten.

Nach Absprache mit den Mitbewohnern darf im Garten gegrillt werden.

Konflikte mit Nachbarn und Vermietern

Sie soll ihr Haustier abgeben.

Er möchte sich nicht gleich beim Vermieter beschweren.

Sie findet es unfair, sich über ... aufzuregen.

Man muss doch nicht gleich meckern!

Man kann doch einmal eine Ausnahme machen.

Gespräche mit den Nachbarn

Kommen Sie doch kurz herein.

Haben Sie es eilig?

Haben Sie eine Minute?

Was gibt's denn?

Wir müssen uns das nicht gefallen lassen.

Eine Wohnung mieten

Die Wohnung hat ... Quadratmeter.

Die Monatsmiete beträgt ... Euro plus ... Euro Nebenkosten.

Sie unterschreibt den Mietvertrag.

Mieter und Vermieter

Der Mieter ...
... muss die Miete pünktlich bezahlen.
... ist für kleinere Reparaturen zuständig.

Der Vermieter ...
... muss die gesetzlichen Vorschriften und Fristen beachten.
... muss Schäden in der Wohnung reparieren lassen.
... darf die Wohnung ohne Wissen des Mieters nicht betreten.
... kann die Miete erhöhen.

Sie kündigt den Mietvertrag.

Er bittet ihn, der Mieterhöhung schriftlich zuzustimmen.

Ich stimme der Mieterhörung nicht zu.

Das kommt für sie nicht infrage.

Die Mieterhöhung ist gegen die gesetzlichen Vorschriften.

Er legt gegen die Mieterhörung fristgerecht Widerspruch ein.

Wenn Mieter und Vermieter sich nicht einigen können, geht die Sache vor Gericht.

Argumente dafür oder dagegen

Ich bin anderer/deiner/Ihrer Meinung.

Ich bin dafür/dagegen.

Das finde ich nicht/auch.

Da haben Sie völlig recht.

Ich bin der Meinung, dass ...

Ich bin damit einverstanden.

Da stimme ich Ihnen (nicht) zu.

Ich bin mir (nicht) sicher.

Ich sehe das anders/nicht so/genauso.

Lektion 3

Elternabend

Wir gehen zu einem Elternabend.

Die Schule plant eine Projektwoche zum Thema ...

Die Eltern machen Vorschläge für den Projektplan.

Umweltschutz

Um die Umwelt zu schützen, sollte man ...
... Energie sparen.
... Müll trennen/vermeiden.
... Sachen wiederverwenden.
... die Luft nicht verschmutzen.
... keine Plastiktüten verwenden.
... Geräte nicht auf Stand-by schalten.
... öffentliche Verkehrsmittel nutzen.
... auf das Fahrrad umsteigen.
... umweltfreundliche/recycelte Produkte kaufen.

Viele Leute machen Carsharing.

Elektroautos sollen gefördert werden.

Abfälle können recycelt werden.

Eine Projektwoche planen

Er hält einen Vortrag über den Klimawandel.

Wir sammeln Müll im Stadtpark.

Wir sehen uns einen Film im Kino an.

Wir machen einen Ausflug.

Sie beobachten wilde Tiere im ...

Ausflug

Wir werden pünktlich um ... losfahren.

Gegen ... werden wir wieder zu Hause sein.

In der Mittagspause ist ein Picknick im Park geplant.

Er fährt als Begleitperson mit.

Machen Sie sich keine Sorgen.

Wir werden gut auf die Kinder aufpassen.

Hoffentlich wird das Wetter gut!

Es wird schon nicht den ganzen Tag regnen.

Wettervorhersage

Das Wetter wird voraussichtlich ...
... schön/gut/schlecht/besser/schlechter.
... warm/heiß/mild/kalt/kühl.
... sonnig/trocken.
... bewölkt/nass/regnerisch/trüb/windig.

Es ist für die Jahreszeit zu kühl/zu warm.

Die Temperaturen steigen/sinken/klettern bis auf ... Grad.

Wir erwarten eine Wetterbesserung.

Die Sonne lässt sich nicht sehen.

Der Regen wird in Schnee übergehen.

Es gibt eine Warnung vor schweren Unwettern.

Mülltrennung

Aus welchem Material ist ...?

Naturprodukte gehören in die Biotonne.

Zeitungen werden in der Altpapiertonne gesammelt.

Flaschen kommen in den Glascontainer.

Verpackungen aus Kunststoff kommen in den gelben Sack.

Giftige Stoffe/Batterien werden als Sondermüll entsorgt.

Sperrmüll bringt man zum Wertstoffhof.

Lektion 4

Online oder im Geschäft einkaufen

Er bestellt oft im Internet.

Im Internet ...
... ist die Auswahl größer.
... kann er nach dem günstigsten Produkt suchen.

Im Geschäft ...
... sieht sie sofort, ob ihr etwas gefällt.
... kann sie sich ausführlich beraten lassen.

Onlineshopping ist sehr bequem.

Ein Internetshop hat immer auf.

Im Internet kann ich entspannt einkaufen.

Zu Hause kann er die Sachen in Ruhe anprobieren.

Sie kauft lieber im Geschäft um die Ecke.

Bestellte Waren bezahlen

Die Zahlung erfolgt per Rechnung, Bankeinzug, Kreditkarte oder Vorkasse.

Klicken Sie auf die gewünschte Zahlungsart.

Man kann die Waren auf Rechnung bestellen.

Ich möchte die Waren per Überweisung bezahlen.

Der Betrag wird vom Konto abgebucht.

Ich muss die Kontodaten im Internet angeben.

Bei jeder Bestellung berechnen wir eine Versandkostenpauschale.

Sie können diesen Kaufvertrag innerhalb von ... Tagen widerrufen.

Die Ware müssen Sie umgehend zurücksenden.

Bitte lesen Sie die Datenschutzerklärung.

Immer mehr Onlineeinkäufe

Onlineshopping ist „in".

Die Zahl der Internetshops ist stark gestiegen.

Die Hälfte der Urlaubsreisen wird online gebucht.

Bei Bahntickets werden 75% über Onlineportale gekauft.

Telefonische Beratung

In welchen Größen ist ... erhältlich?

In welchen Farben habe Sie ... auf Lager?

Sagen Sie mir bitte die Artikelnummer.

... kann in vier Wochen bestellt werden.

Der Artikel muss bis zum ... geliefert werden.

Die Sachen können kostenfrei zurückgeschickt werden.

Sehen Sie sich als Alternative auch ... an.

Produkte auswählen

Dieser Artikel ...
... fällt klein/groß aus.
... ist zu eng/weit.
... ist bequem/unbequem.
... gefällt mir (nicht).

Er hat verschiedene Modelle zur Auswahl bestellt.

Ich möchte ... behalten.

Sie ist mit den Artikeln (nicht) zufrieden.

Bitte füllen Sie einen Retourenschein aus.

Lektion 5

Fernsehen

Ich gucke fast jeden Abend/oft/selten fern.

Bei uns läuft oft der Fernseher.

Was kommt heute im Fernsehen?

Welche Sendungen sehen Sie am liebsten?

Ich interessiere mich am meisten für ...

Ich schaue, was eben so kommt.

Diese Sendung ist informativ/interessant/lustig/spannend/langweilig/beliebt.

Diese Sendung ist etwas für die ganze Familie.

Fernsehgewohnheiten

Sie sieht fern, um ...
... sich zu informieren.
... sich zu entspannen.
... abzuschalten.
... Deutsch zu lernen.
... zu wissen, was in der Welt passiert.

Er sieht fern ...
... aus Langeweile.
... aus Gewohnheit.
... zur Unterhaltung.

Im Durchschnitt sitzt er drei Stunden täglich vor dem Fernseher.

Die Mehrheit der Zuschauer sieht gern Sportübertragungen/Sport im Fernsehen.

Sie darf nur eine Sendung am Tag sehen.

Fußballabend

Guckt ihr am Samstag Fußball?

Heute kommt eine Fußballübertragung.

Wir wollen das Spiel gerne sehen.

Willst du mitgucken?

Fußball

Weißt du, wie ... gespielt hat?

... hat (1:0) gegen ... gewonnen/verloren.

Sie haben unentschieden gespielt.

Die Mannschaft ...
... hat ein Tor geschossen.
... geht als Sieger/Verlierer vom Platz.
... musste eine Niederlage einstecken.
... ist in die nächste Runde gekommen.
... glaubt an einen Sieg.
... ist hoch motiviert.

Sie war eine faire Verliererin.

Der Torwart hat alle Bälle gehalten.

Der Trainer hat ihn im Mittelfeld eingesetzt.

Der Schiedsrichter hat ihr eine rote/gelbe Karte gezeigt.

Es gibt Angebote von mehreren Clubs.

Es ist noch nichts entschieden.

Lektion 6

Lebenserinnerungen

Sie hat schon viel erlebt: den Krieg, die Nachkriegszeit, den Kalten Krieg, die Wiedervereinigung, die Einführung des Euro.

Für mich war dieses Ereignis (nicht so) wichtig.

Für uns war das ein bewegendes Ereignis.

Er war total begeistert.

Meine Hoffnungen wurden erfüllt/zerschlagen.

Er konnte es kaum glauben, dass ...

Die Menschen hatten genug von ...

Wir haben uns an ... gewöhnt.

Lebensstationen

Ich bin in ... geboren.

Als sie/er ein kleines Mädchen/kleiner Junge war ...

Als junge Frau/junger Mann wollte ich ...

Ich bekam ein Stipendium für ....

Ich bekam ein Visum für ...

Sie lebte damals in ...

Vor ... bin ich nach Deutschland gekommen.

Ich wollte eigentlich nicht lange/nur in ... bleiben.

Ich kannte noch niemand hier.

Er hat sich oft sehr allein gefühlt.

Schon immer wollte sie ... werden.

Er bekam ein sehr gutes Jobangebot.

Damals hatte ich noch keine Arbeit.

Hier hat er seine spätere Frau/seinen späteren Mann getroffen.

Ich bin von ... geschieden.

Er ist mit ihr nicht mehr zusammen.

Herkunft und Migration

Sie kommt aus ...

Meine Heimat ist ...

Viele Deutsche gingen nach ...

Sie hat deutsche Vorfahren.

Er kam als Gastarbeiter nach Deutschland.

Ich bin nach Deutschland gekommen, um ...

Er kam als Flüchtling nach Deutschland.

Sie musste ihr Land verlassen.

Sie haben hier Asyl beantragt.

Sprachkenntnisse

Seine Muttersprache ist ...

... ist ihre Zweitsprache.

In ... ist die Amtssprache ...

Im Alltag spreche ich ...

Zu Hause sprechen wir nur ...

Er hat einen Platz im Deutschkurs bekommen.

Ich habe Deutsch im Integrationskurs/in der Schule/im Kindergarten gelernt.

Jetzt besuche ich den ...-Kurs.

Sie ist in mehreren Sprachen und Kulturen zu Hause.

Bildquellen

Cover: Prostock-studio/stock.adobe.com; **U2:** ii-graphics/stock.adobe.com; **S. 4–5** Jan Kocovski/telc gGmbH; **S. 7** großes Foto: Jan Kocovski/telc gGmbH; untere Reihe: meisterx/fotolia.com; sebra/fotolia.com; Igor Mojzes/fotolia.com; **S. 8** Jan Kocovski/telc gGmbH; ArTo/fotolia.com; contrastwerkstatt/fotolia.com; aletia2011/fotolia.com; mardroid/fotolia.com; **S. 9** Jan Kocovski/telc gGmbH; kinara/fotolia.com; s. Engels/fotolia.com; Marco2811/fotolia.com; **S. 10** Alexander Raths/fotolia.com; Matthew Cole/fotolia.com; **S. 11** anweber/fotolia.com; **S. 12** macrovector/fotolia.com; aletia2011/fotolia.com; bramgino/fotolia.com; **S. 13** Picture-Factory/fotolia.com; **S. 15** großes Foto: Jan Kocovski/telc gGmbH; untere Reihe: JackF/fotolia.com; Ulf Dressen/fotolia.com; edbockstock/fotolia.com; **S. 16** Jan Kocovski/telc gGmbH; Alexander Raths/fotolia.com; aletia2011/fotolia.com; **S. 17** lantapix/fotolia.com; naruedom/fotolia.com; hopfi23/fotolia.com; euthymia/fotolia.com; fivespots/fotolia.com; **S. 18** Alexander Raths/fotolia.com; steamroller/fotolia.com; **S. 19** JiSign/fotolia.com; **S. 21** Alexander Raths/fotolia.com; ajr_images/fotolia.com; Jan Kocovski/telc gGmbH; A_Bruno/fotolia.com; **S. 23** großes Foto: Jan Kocovski/telc gGmbH; untere Reihe: Gina Sanders/fotolia.com; Smileus/fotolia.com; arsdigital/fotolia.com; **S. 24** WavebreakMediaMicro/fotolia.com; iconogenic/fotolia.com; contrastwerkstatt/fotolia.com; Jan Kocovski/telc gGmbH; closupimages/fotolia.com; pking4th/fotolia.com; kreatiw/fotolia.com; **S. 25** nerthuz/fotolia.com; Antonioguillem/fotolia.com; arsdigital/fotolia.com; Picture-Factory/fotolia.com; contrastwerkstatt/fotolia.com; bluejeanstock/fotolia.com; Jan Kocovski/telc gGmbH; **S. 26** Liron Peer/fotolia.com; wowomnom/fotolia.com; Picture-Factory/fotolia.com; Nik/fotolia.com; **S. 27** barbaliss/fotolia.com; **S. 28** Markus Beck/fotolia.com; Jan Kocovski/telc gGmbH; closeupimages/fotolia.com; RioPatucaImages/fotolia.com; **S. 29** WavebreakMediaMicro/fotolia.com; **S. 31** großes Foto: Jan Kocovski/telc gGmbH; untere Reihe: Antonioguillem/fotolia.com; Narong Jongsirikul/fotolia.com; Stanisic Vladimir/fotolia.com; **S. 32** svort/fotolia.com; animaflora/fotolia.com; LaCatrina/fotolia.com; stockWERK/fotolia.com; fotos4people/fotolia.com; **S. 34** marog-pixcells/fotolia.com; **S. 35** MP2/fotolia.com; Alex White/fotolia.com; BillionPhotos.com/fotolia.com; **S. 39** großes Foto: Jan Kocovski/telc gGmbH; untere Reihe: gstockstudio/fotolia.com; Minerva Studio/fotolia.com; Patrizia Tilly/fotolia.com; **S. 40** Daniel Ernst/fotolia.com; goodluz/fotolia.com; **S. 41** goodluz/fotolia.com; gpointstudio/fotolia.com; Gerhard Seybert/fotolia.com; Silver/fotolia.com; Zlatan Durakovic/fotolia.com; smileus/fotolia.com; julien tromeur/fotolia.com; nick holdsworth/fotolia.com; **S. 42** goodluz/fotolia.com; stockyimages/fotolia.com; Jan Kocovski/telc gGmbH; goodluz/fotolia.com; **S. 43** Carl/fotolia.com; **S. 44** Jan Kocovski/telc gGmbH; Regormark/fotolia.com; pico/fotolia.com; Trezvuy/fotolia.com; DigiClack/fotolia.com; **S. 45** DragonImages/fotolia.com; Ingo Bartussek/fotolia.com; **S. 47** großes Foto: Jan Kocovski/telc gGmbH; untere Reihe: eliasbilly/fotolia.com; fergregory/fotolia.com; lazyllama/fotolia.com; **S. 48** Jan Kocovski/telc gGmbH; **S. 50** (1)(3)(6) Presse- und Informationsamt der Bundesregierung; (2) Increa/fotolia.com; (4) eliasbilly/fotolia.com; (5) Bundesarchiv; **S. 51** Sunt/fotolia.com; **S. 52** Monkey Business/stock.adobe.com; Miljan Živković/stock.adobe.com; insta_photos/stock.adobe.com; EduLife Photos/stock.adobe.com; **S. 53** Daniel Ernst/fotolia.com; **S. 66** zdshooter/fotolia.com; Africa Studio/fotolia.com; Kagenmi/fotolia.com; olegganko/fotolia.com; castelberry/fotolia.com; **S. 72** JiSign/fotolia.com; **S. 77** Minerva Studio/fotolia.com; **S. 117** Karl Holzhauser/MEV Verlag GmbH; **U3:** Vectonauta/www.vecteezy.com; pyty/stock.adobe.com; **U4:** BillionPhotos.com/stock.adobe.com; NAMPIX/stock.adobe.com; piyaset/stock.adobe.com; M+Isolation+Photo/stock.adobe.com; fizkes/stock.adobe.com

Aus dem telc Verlagsprogramm

ZUSATZMATERIAL ZU *EINFACH GUT!*

INTENSIVTRAINING

A1 BIS B1, je 6,50 €

A1.1 978-3-946447-26-9
A1.2 978-3-946447-27-6
A2.1 978-3-946447-29-0
A2.2 978-3-946447-30-6
B1.1 978-3-946447-31-3
B1.2 978-3-946447-32-0

GRAMMATIKTRAINING

DEUTSCH FÜR A1 – B1

978-3-946447-19-1
17,50 €

Nur bei telc: Kursbuch + Arbeitsbuch + Übungstest in einem!
Unter **www.telc.net/shop** können alle Lehrwerke bestellt werden.
Weitere Informationen zum telc Gesamtprogramm aus Lehrmaterialien, Prüfungen und Weiterbildungen: **www.telc.net/verlagsprogramm**
Gern beraten wir Sie: **aussendienst@telc.net**

ANZ_1002